NEGOTIATING WITH A BULLY

TAKE CHARGE AND TURN THE TABLES ON PEOPLE TRYING TO PUSH YOU AROUND

被霸凌，怎麼辦？

職場、家庭、關係中，大人的心理防身術

葛雷格・威廉斯（Greg Williams）／著

劉凡恩／譯

獻詞

謹將此書獻給我的家人。感謝他們長年的支持體諒，以身作則。這份愛讓我不畏艱險，總能克服逆境。

普雷斯登修女——梅莉．普雷斯登（Marie L. Preston），收留了少年的我，從此待我如子，一路指引我追尋真理道義，形塑我的人生。有此至福，我始終感謝上帝，因此我要在此稱頌上帝賜給我普雷斯登修女，感謝您賜予這份伴我多年的厚禮。

此書也要獻給大衛和迪娜．戴迪恩（David and Dina Dadian）。他們的友誼陪我享受黃金歲月，勇度最壞難關。自始至終，大衛是我的好兄弟，這份情誼之深，我在任何情況都能仰賴信靠！我如此確定，因為那已歷經時間考驗！

目錄

前言　從容化解霸凌的實用手冊

無論人生或職場往來，成功絕非僥倖，必須透過規劃、執行及評估。有效的溝通，則需憑藉相當程度的技巧、敏感度、對對方的需求能掌握多少。霸凌者無所不在，以客戶、同事、合作夥伴之姿現身。整個文化逐漸意識霸凌造成的影響。霸凌，阻礙了溝通效率。

每個人生命中都不免有遭霸凌的經驗，對方也許是家人，也許是童年舊識、同儕、老闆、客戶。對方舉止讓你感到壓力、受挫、惱怒，你知道自己面對霸凌。你從談判撤退，覺得一敗塗地。你屈從對方要求，犧牲自己最佳利益，而你厭恨這些局面。

《被霸凌，怎麼辦？》將教你如何技巧對付各種霸凌者。你將直搗霸凌者內心，了解其行為與動機，得以取得上風。

霸凌者的破壞效應使溝通困難，傷害你的自尊，壓抑潛能，攪亂心情。能夠當場識破霸凌行徑，與之產生能達成目標的有效對話者，最能取得成功。《被霸凌，怎麼辦？》要解決這個瀰漫家庭、學校、職場的問題。此書會討論霸凌舉止的成因、手法與影響，揭示霸凌者在談判時選擇的位置，讓讀者掌握先機，沉著應對。透過此書，你將知道如何識破霸凌，站在有利位置步步為營。

對於此書，你能懷抱何種期待？《被霸凌，怎麼辦？》可助你做好準備，迎戰惡霸，擊退對方；教你洞悉惡霸思緒，善用談判策略化解其攻勢。識破對方的肢體語言，你即能掌握局勢，出場時不再有受迫的惱怒。

想跟任何惡霸取得較好的談判成果，不妨藉助此書。好好吸收其中故事與要訣，面對惡霸，一股信心必將油然升起。此書會是無形防護，讓你從容化解霸凌者的所有招式。

如何與霸凌者談判這項艱難課題，威廉斯成功提出實用法寶，我要為他大聲喝采。

——哈維・麥凱，《紐約時報》暢銷作家，
著有《與鯊共泳》（*Swim With the Sharks Without Being Eaten Alive*）

第一章

認識霸凌者

霸凌行徑逐日增加，入侵校園、家庭、職場，政壇亦然。二〇一六年美國總統大選後，我們看見霸凌被正常化，尤其針對女性與少數族裔。那場選戰裡，「讓美國再度偉大」（Make America Great Again）這口號語焉不詳，有些人解釋為呼籲回到薪資較高、工作較有保障的年代，有些人卻解釋為一種隱含種族歧視的密碼，要召回讓有色人種（和婦女）對自身處境有自知之明的歲月[1]。那一年，為妻子輔選的柯林頓如此評論這句口號：「如果你是美國南方白人，你深知那意謂著什麼，不是嗎？」[2]

現在我們看到這被某些人視為有種族意含的口號帶來什麼結果。二〇一七年維吉尼亞州夏洛茨維爾（Charlottesville）事件，肇因於一名白人至上主義者的連鎖效應引發抗議與衝突，造成一人死亡。[3]我們看到被鏡頭捕捉到的白人警官這麼說：「我們只射殺黑人。不用擔心，你是白人，不會有事的。」[4]

有關族裔的霸凌事件逐步增溫，一些人受到鼓舞，毫不隱藏心中偏見。我一位同事有朋友在和平中心擔任協調員，她說，包括教堂、校園、個人、社區團體在內，申請支援的要求明顯提高，反猶與種族主義是背後原因。

這位擔任協調員的女士分享了一則故事。她曾安排一場在某參議員辦公室外舉行的燭光集會。事前議員來電說，群眾在外聚集會讓他覺得被霸凌；這位協調員解釋，自願前來的民眾有合法權利，這不是霸凌，議員就說：「你若不停止這場活動，我可以讓你們關門。」這女士回答：「現在這就叫做霸凌了。一個是燭光集會，一個是威脅要讓我們關門，你明白這當中的差別嗎？」再拿這跟那場白人至上主義燭光遊行相比，你可以了解，為何霸凌值得探討。

這個故事點出，我們必須區分霸凌事件與非霸凌事件之間的差異。霸凌與談判之別就在認知——某人對於霸凌的看法。以和平中心協調員的例子來說，那議員刻意把和平示威指為霸凌，想藉此威嚇對方。那在校園舉行的白人至上主義遊行，令人不寒而慄地想起當年三K黨高舉火把、燃燒白色十字架的遊行，都是威嚇之舉。夏洛茨維爾遊行就是企圖傳遞這種訊息。你眼中的霸凌，可由每個人自行解釋。

霸凌類型

霸凌者是「恫嚇、威逼他人者；尤其指面對較弱小或脆弱者，總慣性予以殘酷羞辱或欺壓恐嚇之人。」[5]

霸凌者或以肢體或以言語做出攻擊，有時會過度靠近對方來施壓。講話聲調、用字傳達出情緒；比起「我要踹你」，「我要宰了你」可說就是語言霸凌，攻擊意味十足，前者相對比較溫和。

根據其行為，霸凌者可分為三種類型：

硬底（hardcore）霸凌者，小時可能受過心理創傷，希望獲得尊敬，讓人知道他是個角色。這種人的態度是「如果你不照我意思，我可能會打爆你腦袋」。這樣危險的人，很可能因攻擊或謀殺進入矯正機構。這種霸凌者一望可知，因為其霸凌行徑如此囂張明確。

半硬底（middlecore）霸凌者，會在條件適當之下霸凌他人。雖說這是每個霸凌者的本色，但半硬底霸凌者算是從軟底晉升，只要情境許可，就會見機施壓變成硬底霸凌者。

軟底（softcore）霸凌者還在演進中。有時這種人會視情況——誰挺他、局勢如何——準備霸凌。平常不是霸凌者，但可能因情勢演變而站到霸凌者位置，通常出於無助感或想受到重視。感覺自己孤立無援時，可能出手攻擊旁人以取得某種權勢或控制。有些或許只想顯示高人一等，便藉著貶低旁人達到自我感覺優越的目的。[6]

認識霸凌者類型，有助拿捏如何施展腦力遊戲（談判策略）。跟這三者任何之一談判，你要分別採取不同的戰術與策略。

反社會人格

反社會人格（sociopaths）者具有可診斷出來的人格疾患（反社會人格障礙）。展現反社會行為。道德羅盤若非全無也是大有問題。膚淺，無法與人建立深刻的連結和關係，缺乏同理心，行事衝動，難以信靠，不負責任，完全無視任何規定，眼中只有自己。要確診為反社會人格必須年滿十八歲，但這種性格起碼從十五歲就非常明顯。成因很多，從生物（天生的）跟環境（後天的）兩方面解釋這種人格形成的理論都有。生物學上有人主張，反社會人格者的大腦發展較慢，早期腦部受傷可能也是原因。環境理論以為，早年經歷的創傷、被拒、虐待、極度貧窮，都可能是成因。童年初期其他負面遭遇亦然。

這種人的霸凌行為包括肢體虐待、公然羞辱對方、故意傷害他人以達到目的，一點攻擊便令他們反應過度，若因此受到指責，總會怪罪他人。[7]

權勢轉移

霸凌由權勢者發動。舉例而言，美國政壇有許多年長的白人男性，但人口結構逐漸移轉，有愈來愈多的少數族裔、來自別國、母語並非英語的人。更多女性繼續升學取得更高學歷，進入醫學院、法學院的女性超過男性，競逐政壇的女性人數也漸漸上升。這種權勢移轉影響了談判，且有愈演愈烈的趨勢。人口結構持續摧毀白人男性的權力基礎，包括控制面（意指霸凌者決定行事時機、方式）與財務面。而權勢逐步流失的警覺，也會觸發霸凌。

我要強調：我並非在暗示多數白人男性是霸凌者。只有少數如此。在那些霸凌者裡，你要知道你面對的是哪種類型（硬底、半硬底、軟底），小心別給非硬底的霸凌人可趁之機而升高氣焰。人們感到脅迫時會採取行動保護自己，任何族裔皆然。談判當中，感到威脅即可能導致攻擊。

若談判對手大半輩子都握有權柄、能隨心所欲，那麼，當他像他二十年前那樣運用權勢，算是一種霸凌嗎？也許。要看社會改變的狀況。談判中，你也要考慮此刻你應對霸凌者的行為，將來會被如何解讀；那可能會讓你在明天被貼上霸凌者的標籤。當對手感到威脅，當那塊人口結構的多數人感到權力基礎或資源不保，他們將發動回應。有權勢的人：

一、企圖維護權勢。

二、竭盡所能想更加鞏固。

三、不計任何代價要保住權勢基礎，欺騙竊取也無所謂。

不易感覺受到威脅的權勢者，很有機會是講理的談判對象。但當他的威脅感升起，你要設法平撫他對你的恐懼與不安。了解他的心態：「我一直握有權力，絕不輕易讓人奪走。」（革命就是這麼來的）這種態度可能造成你中斷談判，拿走對方的權勢。

權勢，是你自認在某種情況可以如何的一種假定；而那又得看對方容許到什麼程度。任何人能有多少力量，全要看對方容許到多少，談判中尤其如此。

我曾碰過這種情況，對方是一名車商，自信能使我點頭。他說：「筆在這兒，在這虛線上方簽名。我知道你都沒問題了。是簽字的時候啦。」他以為自己握有權勢。我呢，沒有在虛線上簽名，而是起身走掉。我拒絕讓他有那樣對我的權勢。

性掠奪者

性掠奪者存在於霸凌者高高在上的各種環境：宗教、政治、牢獄、娛樂界、新聞台、醫療機構等。這種人以一種「掠奪」或虐待手法，企圖迫使對方與之性接觸。其行徑就好比掠食者捕食獵物，故被視為「獵食」其性對象。[8]

性掠奪者追捕獵物時可能就像個霸凌者，其中一類專找女性下手。看文化而

定，女性一般被認為較男性溫順，這種文化則可能決定了霸凌者變成性掠奪者的門檻，因為女性理當順從。有些情況下，女性被期待屈從男性要求，儘管她們並不樂意。而若這名女子恰巧需要這男子所能提供的，她就陷於更不利的情勢。你在談判時不妨記住這點：當你太渴求某種結果、太需要對方所能給予，你無意間就把自己擺在不利位置。

在這當中，獵物如何反應，恥辱感扮演重要角色。一般來說，被男人不當矚目或提出要求，女人會感到孤立無援；她會覺得，若挺身對抗，只有自己一人，毫無施力點。直到等到許多女性一起挺身抵禦這種態勢，我們才能看到改變。

二〇一六年美國大選之前，未來的美國總統川普被逮到說他能抓女人下體這種話。數名女性舉出親身經歷，證實這番吹噓之詞，後來卻遭這位候選人的支持者攻擊，川普更以這般言語刻意貶低：「瞧瞧她那副德性，你說，我會想跟她怎樣嗎？」

對一個女人的外貌做出這種評論是再度傷害，是質疑她發聲的可信度與出發點。做不實指控對她有什麼好處呢？她真有那麼難看嗎？這會如何傷害她的自尊？談判時，要注意自己言詞和可能造成的影響。

某些時候，坐在上位的男性，會以手中的生殺大權對付手下或受其性侵的女性。

例如影視圈所謂的「陪睡」，就是有力男性以演出機會向女性索求性服務。好萊塢素來對此噤聲，二〇一七年則由一群挺身控訴製片廠執行董事哈維・韋恩斯坦（Harvey Weinstein）的女性打破，她們揭發他的霸凌行徑與性掠食，指他不當觸摸甚至強暴、要求幫他口交、當受害者面打手槍、裸體要對方幫他按摩與他共浴、為他一絲不掛等等。而他這些行為早已行之有數十年。[9]

韋恩斯坦握有的權勢，可把女演員捧為大明星，或至少能在某部片得到露臉機會。膽敢拒絕他要求的，得想想自己的演藝生涯會受到什麼影響。凱特・貝琴薩（Kate Beckinsale）就是其中之一，她「多年來在業界不斷拒絕這位製片」，說自己的演出生涯「毫無疑問受到重挫」。[10]羅珊娜・艾奎特（Rosanna Arquette）

不肯幫他按摩、摸他下體，對他說她「永遠不會做這種事」；她相信自己的演出機會因而大受影響，「很多年裡，我的演出之路因他變得非常坎坷。」[11]

演藝圈女性都很清楚韋恩斯坦的權勢，有些人對於與他碰面會發生什麼事毫無預期；她們以為是要討論某個演出機會，卻不曉得自己將成為獵物。她們根本沒機會設想：「到了那裡，我該用什麼樣的肢體語言，表示我不會屈從他的要求？哪些訊號出現，我就得趕快脫身？我該找誰陪我去，以免讓這人有機會霸凌我？」

有時，女性這類遭遇卻被怪罪於自己（「她被強暴前，自己『想要那樣』的」）。這種指責，讓其他原想挺身而出的女性猶豫了。揭發性騷擾與霸凌的罪行將致自己於何地，婦女不得不深思。沒有及時脫身繼續留在當場，事後保持緘默，讓性掠奪者得以一犯再犯。

敲響警鐘，指證性犯罪者的女性，得準備付出代價，而那代價可能極為高昂，也許是工作，也許是名聲或世人眼光。幾乎各行各業的女性都處於這種境地，而非僅限演藝圈或政壇。這問題相當棘手，既無所不在，且要婦女挺身挑戰男性當道的權力架構——那種架構卻是默許、認可這種行徑。

種族也會影響與霸凌者或性掠奪者正面對決的力量。指證白人男性時，白人女性多半比有色女性有利。所以說，談判時，你要考量所有會影響談判進行的成因。[12]

警覺操控手法

韋恩斯坦後來被逐出該製片廠及美國影藝學院。當霸凌者失去權勢，注意他有何反應。理論上他失去了優勢。他會設法找到另一種勢力嗎？當你讓對手頓失依據，要想好他們可能出現的反應。

舉例而言，當先生表明想離婚，妻子感覺失去利基，要求先生支付龐大金額

以維持她的生活水準。像這類談判，妻子的霸凌手法屬於操控。

這很罕見嗎？處於談判中，每個人都有意操控對方。且不說是好是壞，我們都知道自己談判時的確如此。你想從談判中得到什麼。所以你才進入談判。

一位負責網路裝機的先生告訴我，他原本是個執行長，年薪二十五萬美元。跟老婆離婚前，老婆跟他要一百美元，他給一千美元。他失去工作前，老婆過著皇后般的生活，然後愈要愈多：需要一百美元，開口卻要兩千美元。當他追問用途，發現都是隨性花費；從肢體語言可以看出，她只是找名目搪塞他的質疑。

於是他採取這個策略：不另找高薪職務，卻當起網路裝機員，收入不可同日而語。當前妻把他找回法庭索取更高的贍養費，法官判定了較低的金額，因為顯然這位前夫以往待她十分優渥。談判對手曾經歷過什麼，你要全盤納入考量。某個程度而言，過去發生的事，會形塑今天的談判結果。

這是我的座右銘：你隨時身處談判中。有人想操控你時，提高警覺。你今天的所作所為，都將影響到明日結果。

過於侵略性的舉止

舉止太富侵略性的人，不見得都是霸凌者。有些可能因為過於激動，企圖送出某種訊息；接收訊息這方可以說：「你在霸凌我。」送出訊息者那方可以說：「那不是我的本意。」這方的解讀是這樣，對方的本意是那樣。雙方得先達成共識，才能繼續溝通。

這番交談後需要留意的是，產生了何種改變。若霸凌者或被認為的霸凌者放軟聲調和肢體語言，也就驅散了這方原先受到霸凌的感受。

接著要談，與霸凌者談判務必得小心的道理。假設接收方只講一句：「我覺得你在霸凌我。」此時他並不確定對方意圖，只是藉此提醒對方留意用詞和姿態。那可能只是種伎倆，你要能心領神會。

若送出訊息的那方說：「我無意霸凌你，也沒打算送出這樣的訊息，我就是

站在這種立場發言，你要了解那不是霸凌。我們達到共識了嗎？」

談判氛圍就此定了調：「我將持續這麼說話，但這不是霸凌。我們可以從這裡出發嗎？我為你做了說明。之後我也許會調整我的觀點。」這個訊息改變了對手的認知，促進更合作的談判氛圍。

談判時，有些霸凌者不認為自己有在霸凌對手，認為自己只是咄咄逼人，或純粹談判。拒絕對方開價，提出另一個數目，這在世上某些地方稀鬆平常。如果你期望價為五百美元，對方要價一千美元，你可能一口回絕，而且可能態度強硬，因為這是當地慣例。所以，要掌握你談判所在的環境有哪些常規。

某種舉止在你不算霸凌，因為你習於這種招數。而他人要是不習慣這種激進模式，可能就認為那叫霸凌。

隨著談判進行，溝通風格可能會變。對手是個霸凌者時，你可能會想：「之前他咄咄逼人，而現在簡直是在嘶吼。情況可能升高到算是霸凌程度了。」你對對方舉止的解讀，也將決定你的因應手法。留意談判中每個心理戰，隨時提高警覺，拿捏情勢，妥善進退。

霸凌者的動機

大多情況下，霸凌者想獲得尊敬，希望旁人視他為領袖：「哇，他真是個了不起的領導人，什麼事都難不倒他。」他們喜歡受到吹捧。政壇有力人士便有很多例子。如果你想討好他們，很簡單，只要多說幾句好話，他們馬上融化。他們就愛崇拜他們的人。

你對霸凌者特性的認識，有助你建立談判策略。當你剖析出他的動機，就知道如何加以操控，引他朝對你有利的方向走。回答以下問題，是個起步：

- 他想要更多權勢嗎？
- 若是如此，他可能會怎麼做？

- 如果他想得到更多認可，那對他意謂著什麼？
- 他是想表現出某種形象嗎？
- 受人喜愛，是他最想要的嗎？
- 他是希望人家認為他很強悍嗎？

這些都可能是霸凌者在某個談判時點的背後動機。開始談判前，你要做好功課，儘量掌握這些因子，設法判斷他會如何運用、運用的時間點、運用理由、希望得到什麼。

有些霸凌者就是喜歡別人視他為霸凌。每個談判狀況不同，沒有一體適用的準則。

今天你鼓舞某人的方式可能會影響到明天，因為其間二十四小時的發酵使然。基於你事前所做的功課，你判斷是否在這個階段稍作退讓，好讓她有正面回應。愈懂霸凌者心態，你愈能掌握該給什麼，不該給什麼，如何抓準時機。每個動作，都可能讓談判進展或卡住。

當我說進展，我指的是增加量。你可以在談判時稍微或大幅增強力度，端視當時的危急程度。當某人心臟病發，亟需一位心臟病大夫，他不可能還處在蒐集資訊狀態，問說：「這位大夫怎麼收費？我還有哪些選擇？」當下他只要緩解痛苦及醫療照護。

拿捏當下，你可以多給或扣住對手想要的東西，促使他／她出手。

體格差異

霸凌者不受身材之限。特小號及特大號的，可能相當棘手。舉例而言，身高差異有可能影響霸凌行為。我們且透過一段假設場景來說明：

神經外科醫師安東尼奧·瑞佐在走廊碰見金德拉·霍華德護理師，「我要你

解釋，為什麼我的病人還躺在床上。已經下午兩點了，他應該坐在椅子上。」

霍華德往下看著身高不到一五五公分的瑞佐醫生：「瑞佐醫師，你的病人得去做你安排的電腦斷層。」

「我不管，」瑞佐醫師高聲叫道，「他應該起來坐著。我要他立刻起來！你聽清楚沒？」

「我聽到了，醫生。」她嘟囔著。

「別叫我醫生。我是瑞佐醫師。」

霍華德走進護理間，跟值班祕書抱怨：「小拿破崙又在鬧了。」

除了這種衝突，瑞佐醫師在手術室也常大發脾氣，把手術器械扔向護理師與技術師。他指定要護理長陪他巡視病房，不管她有其他要務在身。身材促發霸凌行徑，瑞佐醫師是個明顯例子。

拿破崙情結（Napoleon complex），或稱矮個子症候群，這種理論說：有些矮個子會以攻擊性彌補身高缺憾，此因法國拿破崙・波拿巴皇帝得名，他死時身長一七〇・二公分。[12]有此情節的矮個子，試圖展現超越身形的威猛形象（有人質疑這種理論有欠實證支持）。心態受五短身材影響的霸凌者，可能較常人危險；他們想藉此告訴他人：「別小看我。」

個子高大的人，可能只因為身材如此而被視為霸凌者。人們也許會想，他會利用身材當作心理武器。出於自衛機制，這些人會出現某種舉止，有時對自己的身高很敏感。我從小認識的一個女孩，因為身高得到這個綽號：「大樹」；她走路彎腰駝背，就怕人發現她鶴立雞群。另一個身高將近二〇六公分的朋友，因厭倦從小人家總愛問他：「上面空氣怎樣啊？」就養成一種態度：「你大可找我聊天，但別扯那些身高玩笑，我不來那一套。」就某些例子來說，矮小或高大都可能造成霸凌般的行徑。

運用心理戰，你可以制住霸凌者。你可以跟他對峙，也許那就足以壓住他，也可能讓他更進一步。你得拿捏分寸。回到前述場景，手術室裡某位護理師可能這麼告訴瑞佐醫師：「你再丟牽開器過來，我馬上走人，讓你自己完成手術。」

反之，因了解這位神經外科大夫有拿破崙情結，你可能選擇以禮相待：「早安，瑞佐醫師，你今天好嗎？我很期待協助你進行這檯手術。」

面對霸凌者，適當回應落在上述兩者間的某一點。記住：高或矮，多半都不是霸凌者。自覺加上所處環境，會讓人決定如何回應。你不僅得了解對手怎麼看待自己的身材，也得考量他認為別人怎麼看待他的身材。

霸凌者的生成

想論定霸凌者的成因是不可能的，我一直小心避免做任何籠統歸納。一個自幼受霸凌欺壓長大的人，有可能成為完全相反的類型，也可能因此而變成另一個霸凌者。

造成霸凌的原因一籮筐，包括：天生缺乏同理心，學自家中看到的霸凌，自覺受到霸凌，無能控制情緒，或純粹想博取注意。[13]

我小時遭到霸凌，因此稍大以後我決定讓自己變強，轉化情勢。這經歷也讓我更能關懷別人的需要與擔憂。

現在，你可以想像你有我小時遭遇的處境，再對照一個因為小時遭遇而四處揍人的惡霸。你得了解一個人，了解他的確實動機。假設你對談判對手做出假設——假設他小時候被霸凌，所以他會在談判時霸凌你。當你這麼做，就設定了一種預期，成為你談判策略的基礎。那可能導致你因錯誤假設而踏出錯誤的第一步。

霸凌行徑不必然持續終生，可以改，但需借助非常即時的引領。要非常具體地告訴霸凌者，他有什麼樣的霸凌行為，對他人造成何種傷害，可改採哪些正面行為。大力強調能讓他受歡迎或被尊敬的別種途徑。此外，在他不霸凌別人之時給予更多注意，也能有效強化有利社會（prosocial）行為。與霸凌者討論他的實際感受，頗能找出其霸凌行徑的根源。[14]

上底漆

上底漆（priming），指的是談判前所做的準備。就像油漆之前會先塗的底漆，這些混合物能加強面漆附著力與持久性。就談判而言，上底漆要做的就是：思考你希望在談判時能具備什麼心態，如何配合策略運用。

根據談判成果的重要性，你可用各種辦法取得其他人的底細。我們可從美國聯邦政府看到不少例子，他們從對手背景拚命挖掘弱點，一旦找出，談判時就能藉此操控對方。

以類似手法取得你的談判對手資料，以便你能幫他了解與你合作有什麼好處。愈能理解對手何以有其心態，愈能預測他在談判時會出現何種舉止。

也許對手的生長背景讓他自認優越，也許跟族裔或階層有關。他帶著那樣的心態來到談判桌，因為從小如此耳濡目染。有了這層理解，你會準備相關的有利策略，觀看風向；一旦他擺出你不如他的態度，就準備以行動讓他措手不及，像是猛然起身，大吼，敲桌，「不准那樣對我。你不修正態度，談判就到此為止。」同時你手指指向空中，宛如刺向某人。這個肢體語言讓你的言詞更具分量。你得事先準備這類作為。

別因為這樣的準備，你就從頭到尾一直等待運用時機，那會讓你處在很糟的心理狀態，只是被動等待。當對手冒出一句合乎你期待的言語，你就如猛虎出柙，令他瞧著你暗忖：「這傢伙在發什麼瘋？」留意如何運用你的策略，別不必要地啟動機制。

知道什麼會導致對手朝特定方向走，你就曉得如何加以引導。若對方是個不受歡迎的霸凌者，孤軍對抗每個人，你的釋出善意有可能獲得呼應。這般有如上底漆的預作準備，就是根據對方需求強化本身談判優勢的一種工具。能產生多少作用，密切觀察對手反應便可知。

我們可以拿川普總統一個事件來具體說明。有一次，川普穿過走廊準備去跟

民主黨協商，途中受到左傾及右傾兩家新聞頻道記者的夾道歡迎：MSNBC，和Fox News。

川普渴望受人喜愛、想得到正面報導的本性，驅使他主動向前。這就是出於他試圖引導對手的一種行為，那動作送出的訊息是：他樂於接受正面採訪。想與川普交手的人，便可製造類似情境，獲得川普同樣回應；藉此技巧，取得與川普談判的優勢。

教導孩子的一種方法，就是在他們做對了的時候，給予正面加強。談判中，正面強化是有力工具，太過火卻有風險。霸凌者會想：「他又來了，猛灌迷湯。」正面強化用得太多，就失去效力。拿捏平衡點，以它作為談判時的心戰工具之一。

我們也來看看正面強化的反面。當你還小，拿一張不如爸媽預期的考卷回家時，往往碰到什麼局面？大多情況，父母要不一聲不吭，要不就說「你可以考得更好」之類的話。重點來了，父母大概不曉得這個分數背後的代價；為了考好這科，你也許廢寢忘食了好一段時日。這成績也許反映出你的能力，也許不能；問題是，當下的正面鼓勵呢？

談判亦然。霸凌者可能以為，他可是好不容易地做出讓步，為此他回去得跟老闆設法解釋。而這邊，你自認是靠你的努力取得這番成果。於是乎，霸凌者沒收到他自認應得的感激。

正面回饋這件事，運用之妙存乎一心。給得太多，效果遞減；給得不夠（站在接收方觀點）或沒給，也是沒效。要仔細拿捏。

投入準備：角色扮演

重要談判前要投入多少練習，端視談判結果的嚴重性。如果事小，不必用到角色扮演。若茲事體大，你就應投入這種練習，深入體會談判中可能發生的各種

細節。那會讓你談判功力大增。

談判前該做多少練習，就看談判成果對你的整體計畫影響力如何。若你事先知道自己將面對一個霸凌者，這件事就極為重要。霸凌者不會告訴自己：「我會順勢而為，基本上信賴你，直到我看不出那樣對我有任何好處為止。」

霸凌者的思維截然不同：「我準備這樣對你，因為我需要某種程度的自我滿足。」於是，角色扮演非常重要，因為你得先了解，跟霸凌者談判可能碰到的狀況。以下問題有助做此準備：

- 他會一直霸凌你，直到你不得不抬出一些勢力逼他就範？那會是些什麼樣的勢力？
- 你需要多久時間讓這些勢力到位？如果他祭出對應之道，這些勢力又能持續多久？
- 若要尋求後援，你能用上什麼招數？
- 你使出的每個招數，對手可能如何化解？

- 他需要多少時間祭出與你類似的勢力？
- 若對手打退堂鼓，是什麼場面？
- 這霸凌者之後會不會背地裡使詐？

這些問題的答案，透過角色扮演就能揭開，所以這項練習如此重要。而依據霸凌對手的情緒狀態，無論是主動或被動造成，你都要防範他變得好戰，甚至暴力相向。

有些霸凌者會以威嚇手法，逼迫你了解到他們的力量。舉個例子，二〇一六年美國總統大選選戰當中，一名候選人在另一名女性候選人說話時，站在她身後。這位令人感覺做出霸凌之舉的候選人正發射此種訊息：「我正緊盯著你。我在你背後，也許我會背地裡做些什麼。」意在脅迫對方。當你與霸凌者交手，他很可能會使出這類伎倆，如果事先不曾角色演練，恐怕你無法有此預期。

順帶一提，上述第一位候選人後來承認，自己的背後埋伏讓那位女性候選人

頗受影響。這項舉動讓他輕視女性的心態昭然若揭，被公認有欠理性。

針對這場辯論，那位女性候選人其實事前有做角色演練，但她沒想到會有人故意站在身後，因此受到一些影響。

角色演練的對象，最好找跟你真正要面對的對手或團隊最相似的人。打個比方，拳擊手在賽前練習，就是找跟正式比賽對手特性雷同者；若對手是左撇子，練習夥伴就是左撇子。同樣道理，你找角色扮演對象，也要根據實際對手來挑選。

想想霸凌者所在的團隊是什麼樣子。其他成員也跟他一樣嗎？像到什麼程度？這霸凌者會打頭陣，負責拆穿你們的戰術嗎（如果是團隊談判）？

談判對象是霸凌者一人也好，一群也好，你得擬出多種戰略。若對方是一群霸凌者，角色演練時可試著採取分裂議題（wedge issues）。分裂議題意使對方四分五裂，造成內部紛爭。

研擬戰略時，必須了解對手的心理狀態。你要能預期你的戰術會引起對方何種反應。角色演練儘量涵蓋各種情境，上場時你就愈能泰然應付。這可以鍛鍊你的談判效能。

依據你準備面對的霸凌者來挑選演練夥伴。若這個霸凌者屬於軟底（測水溫者），可預期他會先擺出威嚇姿態，測試你能容忍到什麼程度。

硬底霸凌者就算你起而抗衡，仍自認有足夠資源繼續。你做出抗衡反應，也許他會稍加收斂（就如軟底類型），但需要你花更久時間。

面對軟硬不同底的霸凌者，各有支援戰術可用。有時只要無理取鬧，就能讓霸凌者罷手，或至少逼他出手，讓你窺見其真正意圖。

與軟底霸凌者談判，你若過於進逼，可能會使他全副武裝。相對地，若如此對待硬底霸凌者，可能讓他更想展現他的身價。你在角色演練時要考慮與對手抗衡到什麼程度，如此的抗衡能否改變他們的立場。

角色演練時，多測試不同策略。設想霸凌者對你的戰略將作何反應。每個行動都將激起某種反應，與霸凌者處於激烈交鋒時，所有可能狀況都要事先做好準備。

研擬角色演練所用的策略時，網路是很有用的資源。在那兒可找到練習夥伴、談判資源、團隊組成的要訣；也可蒐集到與霸凌者交手的各種歷史資訊，那些團隊包含哪些人。任何談判或角色演練，資料蒐集是很重要的一環，有效進行可帶來正面成果。

角色演練過程，軟底或硬底類型的霸凌者都要納入。舉例而言，你若設計一種策略讓硬底類型轉而軟化，你的夥伴就要有人扮演這樣一個霸凌者，或是從軟底轉為強硬者亦然。

基於這個道理，看你想要什麼樣的談判結果跟價值主張，你的談判隊伍和演練小組都應涵蓋多種性格的霸凌者，愈多愈好。

- 這硬底霸凌者會軟化嗎？
- 那軟底的會轉趨強硬嗎？
- 他們會轉為半硬底類型的霸凌者嗎？
- 那會是怎樣的過程？

- 哪些策略會導致這種局面？
- 你用的何種策略，引發他們採取與你預料不同的策略？

這些探索都將影響你的演練策略。若能面面俱到考慮霸凌對手的角度，你的準備就愈加周延。透過角色演練，可預測與各類型霸凌者交手的起伏跌宕。

扮演霸凌者的這個人（練習角色）需深知人性，能換位站在霸凌者立場思考，能預期霸凌者將如何回應各種談判戰術。準備這個角色，可研讀有關霸凌的書籍，參加談判協會舉辦的訓練；這類組織都有談判者在其中。練習角色也許問：「如果我要在某種情境出面談判，你會建議我找什麼樣的談判者進行切磋？」透過談判協會，很容易找到適當的演練技巧（我的另一本著作，《肢體密碼讓你贏得談判》〔*Body Language Secrets to Win More Negotiations*〕，就有細談處於各種心理狀態下，如何更加靈敏）。若練習對手具備心理學背景更是利多，因為他熟悉人們的行為意含，了解與霸凌者談判會是什麼局面。

談判中對霸凌的認知

談判時，對於霸凌舉止的概念是很主觀的。某人也許被貼上霸凌標籤，卻不自認如此，因為他對旁人觀感一無所覺。我曾經負責帶領一個演說者小組，我們必須按時繳報告，組內一位成員總是延宕，最後我送出訊息給他：「附上本組報告，其中又缺你這份。往後我們全體必須更加努力。」

這人回覆指控我被動攻擊。我暗想：「天知道，跟我真正想講的比起來，這已經很客氣了。」對霸凌的認知，取決於涉及談判的每一方。當你認為談判受到霸凌影響、必須加以抗衡，你就要挺身指出。當我說「抗衡」，意思是：你可以向對方拋出問句，像是：「你可以告訴我，眼前是怎麼回事嗎？」如果你這樣開放式地詢問，對方也許會說：「你這話是什麼意思？」你就有機會更近一步了解對方的思維。

確認是否霸凌，從了解對方的一般談判風格開始。他本來就是會先有來有往，再忽然變得極富侵略性？指控對手霸凌之前，先弄清楚他緊迫逼人的原因。你可以這樣問：「什麼地方起了變化，你似乎變得很有侵略性，怎麼回事？」用字遣詞也很重要；相較於貼標籤的「你在霸凌我」、「你似乎變得很有侵略性」就比較能啟動討論。

如果指控對方「你在霸凌我」，可能會引起自衛反應：「不，我沒在霸凌你。」試想換個問法有何效果：「你現在是在霸凌我嗎？」這一問，可讓對方暫停反省一下。

若對手對一個問題（「怎麼回事？」）的答覆是：「我現在比較有侵略性。」意謂著他是明白自己在幹嘛。

做個總結。對手是否霸凌你或霸凌到什麼程度，端看這場談判各方的角度。你想不想提出質疑，取決於你對談判走向作何感想。有些人在談判時，對侵略性和霸凌的認知不同。而文化或族群，對談判風格也會造成不同解讀。

假如你問：「你在霸凌我嗎？」對方答：「喔沒有，抱歉，我完全沒那個意思。」接著你可能看到他言行較和緩，因為他有所自制，不想被視為霸凌者。這可是談判時的一項重要資訊。說到操控！你就可以利用這點干擾對方。他不想被視為霸凌者，所以你只要表現得像是受到欺壓，然後指認他，他馬上就會縮手。在你想要對手讓步卻深知不易時，不妨善用這招。

留意對手怎麼拿捏霸凌手段，思考你在談判時要如何運用這些資訊。對此要有所覺察。這可說是無價的談判法寶，也可讓你觀照自己處於什麼位置。

當你對談判對手一無所知，你可能無法預測他會變成霸凌者。而在像職場這種地方，你也許知道某個同事只要碰到阻力，不得遂其所願，就擺出霸凌的談判風格。如果你事先知道對手平常在工作場合是個霸凌者，你一定要設法搞懂其心態。談判成果愈重要，愈要盡力摸清對方。

且說你即將踏入一場談判，但不太知道對方在想什麼。隨著談判展開，試著捕捉線索：此人的友善程度？攻擊性如何？

注意他的行為何時改變，改變的原因；也評估此舉是真是假，以判斷他打算把談判帶往什麼方向。

根據這些觀察，你就可以提出某些問題來確認對手究竟在乎什麼。如果他說：「我必須儘快搞定這件事。」你就知道時間對他很重要。眼看他隨著分秒流逝而更步步進逼，你明白那是時間造成的壓力。設法了解對手舉止背後的動機。

我們再從另一個角度看。對手先是盛氣凌人，進而對你霸凌，而你卻不以為意。他怎麼想？他會愈來愈洩氣，因為他刻意霸凌你，你卻好像沒有感覺。於是他加碼演出，直到見你有所反應。

心態促成他的行為。由此你能預期對手的部分反應，準備更加充分。你也要了解其他會影響對手談判表現的誘因。假設他的老闆說：「上回你讓對方占太多便宜了，你跟外部供應商談判得更加強勢才行。」這下子他就帶著這些念頭前來與你談判：「我要獲得我想要的協議，好向老闆證明我比他想的厲害。」而若他的老闆說的是：「前次談判你似乎太欺壓那家供應商，這可能對公司造成不良影

響。也許你該稍微收斂一點。」則又將造成不同心態，產生不同行為。

談判時，你必須明瞭對手的思路、改變他想法的原因，知道能怎樣誘使他從你的立場看事情。

後門策略

時間可以是談判利器，尤其在你知道對手有時間壓力之下。藉著拖慢速度甚至用沉默僵住局面，都能影響對方行為。

你也可以用說話速度改變談判腳步。如果情況對你不利而他有時間限制，你就開始放慢語調；情況順利，就說快一點。聲調也能影響對方觀點。

時間之外，往下盯著鼻子這種肢體語言，顯示你對他所言抱著疑心，這也是一種影響對方立場的做法。清喉嚨也能傳達疑慮，言外之意便是「這些話可堵到我了」。原本面對面坐著談判，你忽然起身或繞室而行，彷彿芒刺在背，也都是表達非言語訊息的肢體語言。

假設陷入僵局，對手想霸凌你，你正面點破，他卻依然故我或更進一步，你可以直截了當地說：「如果你希望談判繼續進行，我需要你配合調整你的行為。你說吧，我們是繼續還是叫停？」這是退場時機，你得以宣告談判結束。

最好設定談判所需的時間。如果沒有設限，你心理上對某個談判投入得愈深，就愈想看到結果；當你認為接近了尾聲，你可能會開始給出平常不會給的條件。

「後門」是一種逃脫辦法。看你打算用哪種策略，可以稍微留點後門：「看來我們今天是達不到什麼協議，不如下禮拜重新開始？」準備談判時，也要規劃這類退場時機。

後門策略也可以是比較長期的。「我看得出你心裡有事。我不確定是什麼，但我認為你似乎開始採用霸凌手段。這我不能接受。如何解決這個問題，你有

何建議？」這樣請對方提出解決之道，你得以探索他怎麼看這狀況，打算如何處理，由此你可發展出之後遇到僵局時的後門策略。當你了解對手觀看現況的角度與解決意圖，就更能掌握打開僵局的辦法。

但你也許先別澈底解決眼前的問題。若對方感到不安，但你確定他打算繼續，不妨先讓他緊張，這是引他回來好好談判的另一招後門策略。

總之，後門策略可用以退出談判，突破可能僵局，或暫停之後重新開始。這項策略就有如離開談判大路的匝道。

迫切性會影響談判。若與霸凌者的談判未能在某個時間點達成協議，就拿掉某樣東西。運用這樣工具，前提是你知道什麼是驅動霸凌者的要素。可以用這種言語製造迫切性：這個條件，只到什麼時候為止。但若對方屆時仍未出手，你又延長期限，那就壞了自己的談判立場。仔細考慮如何給談判注入一絲急迫感。假如你說：「要就今天，明天就沒了！」明天真的就沒了嗎？那接下來你打算如何？假如你只給三十天的時間談判，第三十一天你怎麼辦？

霸凌者可能故意漠視你訂的截止時間，看你作何反應。他們會用稀少或期限等伎倆施壓，你要警惕這類談判心戰，不要落入陷阱。若你是訂定迫切期限的一方，千萬要能說到做到。

你也可以這樣宣稱：「假如你在這日期之前如此這般，就能得到XYZ。」這為結束談判製造出比較溫和的退場點。霸凌者領略到：「他說那只到這日期為止。他肯做此讓步，意謂我只要適時地妥善行事，就能得到我要的條件。」

結論

愈了解霸凌者心態，愈懂得如何與之談判。你需要知道：對方何時可能抓狂，何事可能是導火線，若談判不合他意他會如何。而即便沒現身談判桌，卻能主導題目、影響霸凌對手舉止的人物，也需納入考慮。

愈能解開對手思路迷蹤，你愈能推動出最棒的成果：一個讓彼此都滿意的協議。

關於這項課題，我的網頁還有更多資訊：http://themasternegotiator.com/negotiating-with-a-bully

❖ 功課

從個人領域及工作場合找出霸凌者。如果沒有，就從電視或電影中練習識別，並判斷其所屬類型：硬底、半硬底，還是軟底。

當你愈熟悉霸凌者作風及其談判背後的驅策力，你就愈能在踏入談判之前，抓住即將應付的霸凌者類型。

第二章

辨識肢體語言的訊號

一走進會議室，尚恩就看到站在角落的潔拉，手擺在臀上對著皮耶大聲嚷嚷：「我們絕不接受客戶這條件！憑什麼叫我們修改合約。他們需要我們，他們心裡明白。」潔拉舉起手指在皮耶眼前搖晃，「我可不讓他們占便宜，該讓他們知道他們根本少不了我們，合約我隻字不改。」

看著這幕，尚恩明白潔拉有多火大，「我可不想跟這種脾氣的人作對。」他暗想，「潔拉真準備失去這家客戶嗎？」

肢體語言透露出霸凌者的心態，潔拉放在臀部的手、搖晃的手指都顯出她的怒氣。懂得解讀霸凌者的肢體語言，談判時你就能站在有利位置，足以掌握對手行動。以下是一些你要仔細觀察的要素。

臉孔是情緒之窗

霸凌者的臉，是他的情緒之窗。專注於他的雙眼。當他直視著你，表示他對你的一言一行更為警覺。留意他的瞳孔是否擴大。若距離夠近，仔細捕捉霸凌者眼睛的任何變化。瞳孔張大讓他能攝取周遭更多訊息，探索更多選項，或改採其他步驟。

他避開了眼神的接觸嗎？他在思考繼續那樣的舉止的可能後果嗎？他猶豫了嗎？他眼神的移動有特定模式嗎？舉例來說，若他望向左上方，有可能正想著過往，「這傢伙一直舉止溫吞，現在怎麼會突然反擊？」若他看著右上角，可能是想：「好，那我現在怎麼做？」此外，摩挲耳朵表示：「我不喜歡我剛聽到的東西。」

觀察他的鼻孔。如果開始翕動，表示此人正試圖汲取大量氧氣，因為攻擊性

升起。

注意他的臉部表情，尤其嘴唇；它們擴散到什麼程度？往上或往下到什麼程度？他在蹙眉、微笑或臉一沉？若皺著眉，也許是刻意送出這樣的訊息來測試你：「我不喜歡你不讓我為所欲為，或不照我希望的思考。」你大概聽過這個說法：「微笑其實是皺眉的上下顛倒。」如果他真是在皺眉，可能侵略性愈來愈強。他的微笑也許意謂：「我要看看你究竟能讓我為所欲為到哪個地步。」留意臉色一沉與皺眉或微笑的關聯；那可能正落在後兩者之間。

觀察霸凌者如何運用表情威嚇你。當他做出脅迫時，臉部扭曲嗎？若是，也許他沒有很認真，你可能會相信他是在測試他可以逼你到什麼程度。

試想這個情境：一位作證的專家正被對方律師交叉訊問，對方律師千方百計想讓這位專家作出有利於他的證詞，但這專家始終堅定立場，文風不動。對方律師臉色轉紅，這位專家幾乎能看到他耳冒青煙。最後那律師頹然坐下，完全被這專家打敗。聘請這位專家的這方律師贏了。

就像所有談判，任何律師在詰問前都該先設想一切可能答案；若答案真的非所期待，就要準備適當的因應之道。

包括律師在內，許多專業都奉行一個原則：「絕不要提出你不知道會碰到哪種答案的問題。」面對霸凌者亦然，你對自己行為的效果要有把握。由膚色改變，可窺見霸凌者內心正發生變化。說到肢體語言，我們的身體從不撒謊，總要努力回到舒適狀態。當身體經歷不安，就出現某種肢體語言，例如上述那位律師血流湧向臉部，以致紅的像根胡蘿蔔。看對方什麼族裔，只要距離夠近，你還是可以觀察到其膚色變化。

血流上湧造成臉紅，是由於情緒所致。這種反應或可見於霸凌者，或見於他的目標對象；從肢體語言的角度來說，目標對象的臉部漲紅，可能是理解到處境艱困所致。

當你發現霸凌者臉開始漲紅，你知道那是因為你說的話所引起。從談判角度而言，那意謂你可以讓他收手。又或者，那是一則警訊，表示對方正在失去控制

的邊緣。無論何種，都警告你——對方思緒正發生變化。

觀察到對方臉部漲紅的同時，格外留意其他的肢體語言。假設對方握起拳頭，臉部發紅，一腳跨前一步：他正擺出一個準備戰鬥的姿勢。

換個場景，若對手漲紅了臉退開兩步，你瞧見他打開兩手晃動手指，那可能表示他在鎮定自己。「安撫姿勢」意謂這人得讓自己相信局勢在掌控中，卻也可能表示，他心理上、肢體上都在退卻，他希望離開。若在談判桌上，就讓對手逃離，保留其顏面。

當你與霸凌者談判時見他臉部漲紅，可考慮使出這招：「你可以看到我壞的一面或好的一面。談判時你會想看到哪一面呢？」

我在《肢體密碼讓你贏得談判》書中，談到微表情（micro-expressions），這些表情持續不到一秒，卻讓你捕捉到對方的真實心情。微表情可包括：

- 眼睛張大以掌握更多周遭情勢、那意謂興趣、警覺、訝異、震撼或氣餒。
- 呼吸變得急促，意謂對手在升高侵略性之前的情緒轉變，像是憤怒。

- 眉毛抬高聚攏：恐懼。
- 上唇抬起，皺鼻（有如嗅到腐壞物）：厭惡。
- 眼睛睜大，眉毛抬高，嘴巴張開：訝異。
- 翹起一邊嘴角：輕蔑。
- 嘴角下滑，眼簾低垂，眼神迴避：難過。
- 兩頰提高，雙眼魚尾紋明顯：開心。

頸部透露玄機

觀察霸凌者喉嚨，看他是否出現吞嚥動作，若有，表示他開始緊張。你若感到他的不安，可這麼做：放慢說話速度來改變談判步調，以調整雙方似乎都升起的情緒；或者你可指出，在目前這種情況下你不覺得自己能繼續談判，這極可能

促使他問：「你為何這麼講？」你可以答說：「我覺得談判變得有點緊張。」把焦點調向情緒，也許能讓對話的情緒層面穩定下來。

抓脖子也可能寓意深遠。「你真是我脖子上的一根刺*」，這俗話在談判上確實不假。當某事令對手措手不及或感到壓力，你可見他搔起了脖子，他可能在想：「他還想要怎樣？我已經答應他所有要求了。這真有點麻煩。」

手部的影響力

除了注意霸凌者的臉，也留神他的手。他雙手朝你伸展嗎？如果這樣，就表示他可能要對你怎樣。他握起了拳頭嗎？可能準備進攻。他雙手緊靠兩側？看他說了什麼，也許此時他充滿防衛，而這姿勢也可能意謂他準備出手攻擊。留意他怎麼擺放肢體。當你想全力攻擊，首先一定要收緊軀體，才能揮出凌厲一擊。

拍手可能也代表這人做好了進攻準備。如果他忽然這麼做，顯示他進入戰鬥模式，打算迅速出手。

充血狀態也可能出現在霸凌者手部，那也是一種警訊。對這類細微的肢體變化愈加留意，你就愈曉得何時該退、何時可以前進。

霸凌者與你握手的方式，也透露無比玄機。若你們兩手平行交握，就在宣示彼此對等，但此時，誰最後放手則是真正握有控制權的人。當我在握手時抓著你不放，我就控制著你，我可以決定何時放手，控制權在我手中。

如果你的手是放在對方的上方交握，意謂著「我在你之上，占上風者是我。我心知肚明，我會控制你。」手擺在下方則表示「我願順從，就照你意思走吧，你要我怎樣我就怎樣。」

談判開始和中間，透過握手可散發霸凌意味。當談判走到死胡同，想測試對

---

* 譯注：令人討厭之意。

方意向如何，可以說：「看來這討論毫無結果。」站起來，伸手與對方握手，仔細留意與開始時有何差別。握手，下意識地透露出一人當下感受，是談判不可輕忽的微妙信號。

川普總統就很能顯示握手的影響力。與普丁初次會面，川普就讓自己的手在下面。這點如此值得玩味，因為那印證川普對俄國確實因某種緣故而卑躬屈膝一說。由此更知觀察霸凌者在各種情境下的肢體語言，就更能理解他何以有特定表現。

就像羅伯．波登（Robert C. Bordone）所寫的：

對我們這些指導談判協商的人而言，川普充分體現出我們所不主張的技巧與態度。他的行為顯示，談判永遠只能立基於輸或贏。想取得上風，必得向對手窮追猛打；想做出對方也能認同的協議，就是「差勁」的談判。以禮相敬，努力促成對手能接受（而非一味強加其身）的協商，總要受到「政治不正確」的奚落。[1]

軀幹如何擺放？

留意霸凌者的臉與手，卻也別忽略了他的身軀如何擺放，與你是否站在一條線上？如果正面對著你，就比側身向你來得有侵略性。若他轉為側身，就表示「我且拭目以待，目前還不打算跟你正面相抗。」

如果霸凌者撫摸肚子，意謂「肢體感覺上，眼前狀況不理想。」

雙腳的方向

從霸凌者雙腳也可窺見其心理狀態。那跟你的腳的方向一致嗎？是的話，意謂著「我正全神貫注在你身上」；若他一腳朝別處擺，相對就沒那麼專注。

充滿侵略性的霸凌者，腿部擺放的位置，讓他要攻擊你時能使出最大力道。站在你正前方，不比把重心放在後腳更能攻擊你。若他作出威嚇姿態時，兩腳與你的方向一致，他可是相當認真的。

此外，若霸凌者朝你跨進一步，小心；他同時擺出威脅動作嗎？那可能表示他對侵入你的個人空間感到洋洋得意。提高警覺。你若往後一退，就是讓他占據了你的空間，等於告訴他可以更加耀武揚威，除非你朝他進逼。別後退。如果你真想展現無畏氣魄，靠近他。那表示你不但不怕他，更準備以牙還牙。

相反地，如果他一腳或兩腳都離開你的方向，意謂他已準備隨時逃離。如果你也樂於擺脫他，就讓他順利撤退。絕對別說別做任何令他顏面盡失、無路可退之事。一個惱羞成怒、被逼到絕境的霸凌者，會變得非常危險，言語肢體的暴力攻擊可能隨即上演。

協調一致的肢體語言

留意對方言行是否一致。例如當這霸凌者掩著嘴說：「我要讓你好看。」這掩嘴的動作說明了他語帶保留，意圖緩和；也可能代表「我不喜歡某人講的東西」或「我不敢相信自己講這種話」。

如果霸凌者說出「我要讓你好看」便笑了，小心。自問：「這傢伙真打算更進一步，或只是想讓我這麼以為？」

北韓試射飛彈時，川普總統稱北韓在玩火。他說，北韓將得承擔所有後果，將會了解美國全副實力。但他的肢體語言卻傳達出另一種意思。當他做此聲明時，雙手環抱胸前。這種舉止跟那番言談並不相符。假使他說時張開雙手，輕拍大腿，那表示他試著鎮定自己。反之，如果他以食指用力戳向桌面做此聲明，傳遞出的力道與信念就強烈多了。

川普沒有做出這般強勢姿態，等於送出這種訊息：「這個情況下，我也許是個紙老虎。」

且說北韓領導人也是個霸凌者，其言外之意流露著：「我們不妨再來測試川普一番。」就在川普總統發出上述言論之後幾週，北韓再度試射飛彈，情勢繼續升高。

在這來回當中另有一則插曲。北韓領導人聲稱，他將試射一枚飛彈越過關島。在一場對聯合國表達憂慮核戰爆發的嚴厲聲明中，川普總統威脅，若美國被迫守護自己或其在東亞的盟國，將不惜「澈底消滅」北韓。「火箭人正在為自己與其政權自掘墳墓。」川普告訴聯合國大會的一九三名會員，為北韓領導人金正恩取了嘲弄的綽號。川普譴責平壤「魯莽」追求核武及導彈，聲稱他將不惜以軍事行動反制。「美國有著強大實力及無比耐心，但若被迫保衛自身或盟國，我們將不得不澈底殲滅北韓。」[2]

預測肢體語言

面對霸凌者，牢牢記住這一重點：進入談判之前，就要知道他在什麼情況可能有什麼反應。預期他會出現何種肢體語言，你又將如何因應。假設你根據過往談判經驗，曉得這霸凌者總想先聲奪人，以強勢測試對手，他會趨近對方發出指示：「如果你不這麼做就等著看我毀了你。」你了解他總這樣開場，所以你也身體前傾毫不讓步：「來呀。我不在乎。你以為你在跟誰講話？」看他的談判風格而定，但他八成會縮手。

另一個選擇是溫和以對。你說：「我看看我們能否達成協議，告訴我你有什麼打算。」聽你語調溫和，霸凌者可能會想：「這傢伙完全被我掌握了。」於是他說出他的盤算，而你掌握了更多交手情報。或表現出他所預期的，或剛好相反；就看你打算如何以肢體語言對付他。

故意示弱，可刺探對手下一步。對手會根據他認為你的強弱來反應。有時，示弱其實是隱藏實力。

談判展開即解讀肢體

- 格外留心霸凌者在談判展開流露的肢體語言。
- 展開階段或在步入談判過程之前，他是否友善微笑？
- 之後他出現多少變化？
- 他用什麼樣的肢體語言來展現霸凌伎倆？
- 他講的話剛好相反嗎？
- 他徹底在撒謊嗎？
- 當你聽著他扯謊，他把眼光調開嗎？

霸凌手法很多。當你們開始交手，留意他先是什麼態度，再換作什麼態度。若出現變化，不是他依計而行，就是根據你的言行而反應。

身材影響

身材大小，相當影響對方接收到的肢體語言。某人身材不比他眼前的霸凌者，卻要擋在他前面，可能是想表示自己沒受對方身材嚇退。我小時候一天到晚被霸凌，因為矮小，高大的小孩總要拿我的錢，最後我學會做好兩件事：一是練就三寸不爛之舌來脫困，脫不了困就跑。那個年紀我只有這些辦法。然後我也發現，除了跑，我還可以把身體練壯，那也可以唬人，霸凌者就不會想找我麻煩了。

小公司也可能擋在大企業眼前，面臨著挑戰。舉例來說，沃爾瑪超市讓許多

小雜貨店因無法提供那麼多種商品而關門。沃爾瑪也透過給供應商的條件，把他們抓得很牢。藉由規模與壟斷地位，它緊緊控制了所有想跟它打交道的對象。

而我們總關心那處於劣勢者。小公司可以讓別人對他們遭受大企業霸凌產生同情：「你們這巨人公司要是找我麻煩，人家會怎麼看？」較小型的公司就可運用他人同情，作為抗衡大企業的手段。

千萬別忽略大小。較大的公司或個人，面對不肯退讓的小對手時，都要評估其中風險：「這傢伙是否不像表面這麼簡單？」你怎麼定位自己，採取的姿態，投射出來的形象，對任何談判都有重大影響。若對手較大，設法挫掉他的銳氣，想辦法贏得更多資源，讓他沒法以手中所有跟你談判。面對霸凌者，你都要尋求取得這種優勢，以採取逼退對方的策略。準備愈充分，你愈能引導談判結果。

從肢體語言判讀協商成效

你要能知道自己已經勝券在握。舉例來說，你察覺霸凌對手自知不利而作出讓步，你暗想：「我從沒料到他會這樣。」你繼續做更多要求，他再度退讓；忽然間，他掄掌重擊桌面，大吼說：「夠了！」這可說是叫你及時住手的一個強烈訊息。

這種肢體語言屬於微表情，意謂它未經思索，發生於電光石火間。這霸凌者並未想到要舉手敲桌，他純粹因為讓出太多而惱怒。

我們假設這霸凌者在你提出一個個要求時，始終面帶微笑。你錯失信號，沒讓他回答可以或不行，繼續講個不停。你應該對那抹微笑有所警覺。沒讓他說話，恐怕得付出代價。

錯失這個信號，恐怕讓你來到要求的終點。且說你希望他同意的項目共計十條，他臉上一抹詭異微笑，說：「就這些嗎？」你回：「不，我還希望……」然後你急急道出其他。當你全部講完，他說：「很感謝。我的答覆是不。」沒留意到他那笑容，你就闖了紅燈；這紅燈表示：「慢著，我最好在亮出其他牌前先讓這傢伙點頭，否則會壞了我的努力。」

注意種種微小訊號，像是你提出要求時對方雙臂交握，或把手往下擺在桌面，而非手心朝上。手指張開可能意謂他態度開放，抱著雙臂手指緊貼則不然。當他站起，也許表示他聽不下去或需要叫停。

這些都可能是肢體語言在提醒你，此時就算不縮手，至少該修正你對雙方討論的認知。問問自己：

- 「我們談這個主題的原因？」
- 「我們有何進展？」
- 「他為何出現這種肢體動作？」

留意他做出那動作時想傳遞什麼，你就能掌握他的心思和反應。

留意這些信號，你不僅能揣摩其心態，還能掌握其思考路徑。觀察每個動作，你將更能理解整個談判過程。

還有留意一項說話方面的訊息：他壓倒你的程度。比方說，你覺得他靠得太近讓你不安，決定引起注意：「慢著，此刻我有點不舒服，因為你有點靠太近了。」聽你一說，他答：「噢，沒這回事，別擔心。」這種情況就有點像，當你跟賣車的業務說他報的價格不理想，他就往你靠近，想要說服你：「你一點都不用擔心，我會好好照顧你的。」藉著說話壓倒你，不顧你表明的立場，顯示他沒有很尊重你，一心只想把車賣掉。這裡要講的重點是：你得留意一切信號，言語的、意在言外的，從中你將得知當下對方的關鍵感受。

該不該讓霸凌者知道他透露的肢體語言呢？要看你想獲得什麼樣的結果。如果不希望他知道你有觀察到他的肢體動作，有些東西你最好別講，像是他的吞嚥或遣詞用字。要知道，有些霸凌者精於操弄肢體語言，有可能那是在誘你上鉤。

留意態勢緊張

本章稍早，我描述過表示加壓的肢體語言。如果出現此舉的霸凌者離你四十五公尺遠，你知道萬一他爆發，自己還有時間反應。假如他離你不到一公尺，態勢可就完全不同，這麼近表示他想嚇退你，或以利發動攻擊。判斷對手攻擊性是否攀高時，也注意其肢體語言。

有的霸凌者不公然展現怒火，這種人帶著我行我素的鋼鐵意志前來談判，從頭到尾強調其要求，根本不願協商，運用權勢操控你。如果你是透過電話或郵件與之談判，那影響力就沒那麼大。

有一種霸凌，就是對你的談判主張澈底沉默，意謂著：「就讓你自得其樂吧。」那也算是一種精神霸凌。

你也可以觀察一種非語言信號：對話速度的改變。對方是否放緩或加快回應？雖然沒口出惡言，卻擺出威嚇性姿態？

觀察各種情境；在此行得通者，換作彼處效力就很難講。例如，你也許收到一封電子郵件，透著彷彿皺著眉的情緒；電話中，你聽得出對方在皺眉；當著面，你更能從眼前的臉部漲紅、眉頭緊皺、拳頭握起、戰鬥姿態，判斷對方是否氣惱。也許你留意到閃過的一絲笑意，顯示他不見得像他講話那麼嚴肅。

壓制霸凌者

有兩種模式可用以壓制霸凌者：爭論（contending）模式、鉗形攻勢（pincer moves）。爭論模式即企圖說服對方同意你想要的方案，也稱為「立場式談判」（positional bargaining），手法包括提高要求、堅定聲明、誘使勸說、威脅恫嚇。[3]

執法人員可能遇上以人質要脅的對峙情況。對方想取得控制，也許要求美元

百萬、裝滿油料的飛機、刑事豁免的承諾。談判繞著這些膨脹要求打轉，直到談判者取得掌控，保住人質安全。

鉗形攻勢則由軍事戰略而來，旨在包圍敵軍，切斷其退路。用在人質談判，執法人員也許會藉著切斷電力、飲食供水逼使綁架者現身，意圖施加壓力，升高情勢，讓綁架者明白他逐漸無法掌控局勢。用這類手法讓綁架者清楚知道：他碰上自己克服不了的對手。

霸凌者使用的某些伎倆就像綁架者，所以，人質狀況採取的手段也可用以回敬霸凌者。

展現勢力

有時，霸凌者碰到談判不順，會祭出蠻力。在二〇一七年一起廣為報導的事件裡，聯合航空想在一架已客滿的航班安排四個座位給自己職員，詢問時無人主動讓出，聯航便隨機抽出四名乘客。三人下了飛機，第四位醫生拒絕讓座，因為他翌日必須看診。

三名芝加哥機場警員涉入這場武力秀：彪形大漢們站在狹窄走道拖行乘客。這醫師面臨龐大武力仍不肯就範，顯示威嚇無效。一名乘客錄下杜成德（David Dao）醫師拒絕讓位後被警方強行拖下飛機的畫面，杜醫師掉了幾顆牙，鼻梁斷裂，外加腦震盪。這起事件引來各方批評聲浪，聯航股價大跌，公司修正超額訂位的作業，與杜醫師以未公開的金額迅速和解。[4]

與霸凌者談判，你也許會想：「我們且看能否順利解決，皆大歡喜。」若蹠上簡直驚人的蠻力，要想好你要如何自處。例如一個被霸凌者堵上的七歲男孩，立刻叫來朋友當保鑣，自此這霸凌者沒再找他麻煩。

小心你的肢體語言

截至目前，我主要都在談霸凌者的肢體語言。現在反過來，假設你是坐在霸凌者對面的談判者，你該出現怎樣的肢體語言呢？眼前是個徹頭徹尾的霸凌談判手，他的信念就是：別人輸，他就贏。我們先來看看這種場景。如果他身體前傾，你也要前傾。假如他給你下最後通牒：「給你這條件，不要就拉倒。」邊說他身子邊往前；你可以傾身向前，這般作答：「那我想我只有離開了。」注意你的用字。

如果他邊說邊捶桌，你這邊也可馬上捶下去。假如他說：「我根本不在乎。」你可以馬上回：「那就是兩個人不在乎了。」注意你正在鏡射（mirroring）他的肢體動作。你使用與他幾乎同樣強烈的措辭告訴他，你也無比堅定。但這麼做時要特別留心，有可能使談判陷入僵局。

試想另一個場景，對手屬於「我願意配合以取得合作」類型。這裡，那人前傾對你說：「你知道嗎，恐怕這是我能給出最好的條件了，如果你無法接受，我們大概就無法做出理想的協議。」

他的語調舉止溫和。你決定把上身朝後，流露你也無啥興趣繼續下去。要如何反應，端視你處於談判什麼階段，你希望如何影響對手。保持著後仰姿態，你可以說：「我不確定。你覺得，是否有其他可能性，讓我們有機會達成比較（說出「比較」時開始前傾）理想的談判成果？」從後仰到說「較理想成果」時傾身向前，這時機的拿捏，無聲中傳遞你正嚴肅地朝你希望達成的理想成果走去。

當你邊說「比較」邊向前傾，對手可能下意識予以回應，而即便只是下意識，卻也會在他心上鏤刻印記。採用對方的語調、速度，可在對方無所覺察之下，感覺你與他如此類似。

熟悉定律（affinity principle）是「人們喜歡像自己的人」。確實如此，無論你的談判對象屬於高傲或隨和類型。你表現的各種細微的肢體語言，傳遞出你對談判桌上彼此互動的感受。高傲的談判者說：「如果你不接受這條件，我不認為今天我們能做出什麼令人滿意的結論。」你什麼都沒說，只是開始整理東西。

留意他等你起身往門口走到什麼時候才開口，或是否開口。若什麼都沒說，他即藉此證實他準備讓你走。至少你明白自己處於什麼情況。

另一方面，記住你其實什麼都沒做。沒行動，也是一種行動；你要牢牢記住這點。當你毫無反應，那意謂「我聽見你說的了」，你起碼表示接收到對方話語。當你朝門口走去，意謂「如果那是你能給的最好條件，你又說我們無法建立雙方都滿意的共識，我可以接受你的立場，真的準備離開。」

肢體語言增添言外之意，強化口頭訊息。如果你說：「我猜我們不打算做出結論了。」配上肢體則力道更強。你傳達出，眼前既然沒其他好說，你也不準備繼續傷腦筋。

確認霸凌者心態

了解霸凌者心態且確保這理解正確，非常重要，才能掌握他會如何反應，如何誘他上鉤。如果能正確預測他對特定激將法有何反應，你就更能掌握談判。舉例而言，假設你透過肢體語言顯示自己不愛衝突，他觀察到了，以為他握有與你對峙這項武器。

你任他這麼想，因為你知道他對你抱著那樣的觀感，你可以刻意塑造他的心態，讓他以為你毫無威脅，避免衝突。觀察他如何以此對付你，就能洞悉他的談判策略。隨著談判進行，你決定不再閃避對峙。且說你聲量開始提高幾個分貝，霸凌者思忖：「慢著，我估量錯了，先前不該這樣對付這傢伙的。我還錯估了哪些策略？他究竟會怎麼回應我要說的？」

愈了解對手心態，尤其當你意識到他心存霸凌，你愈能有效反制。

之前我在一家代理商（姑且稱之為A車行）看中一輛車，業務經理大談駕駛這麼一輛車的種種得意，人們會怎麼看我，這車有哪些選擇配備。我觀察他的肢體語言：他帶著微笑，側頭看向遠方，一手劃過無形的時間之流。我認為那是向我暗示人們見我駕駛這輛車的反應，我也知道，他想誘使我因那畫面而心生優越。他根本沒問我我在乎什麼，那告訴我：他不關心我對車子的期待。

這位經理的舉止洩露出他的心態。不管他聲稱這筆買賣多麼划算（他不斷下修價格），我仍不為所動。我幾乎出神地靜坐不動，小心保持無動於衷的神態。雙手緊靠身體坐在那兒，我的肢體傳達著「是嗎？這樣啊，隨便你說」。當下我的雙腳交叉，雖然他看不到。我任他口沫橫飛，滔滔不絕。最終他說：「這是最好的報價了。」並開始列出他做出的每個讓步（而一次都沒問過我在乎什麼）。他一心想著賣車，我看得很清楚，我就看他怎麼說服我接受他開的最低價。

確認時機來臨了。這經理說他已經報出最低價，而最後這數字確實比一開始低很多，我很領情。

談判時，你要能判斷什麼是好買賣。接受這價格前，我想確認那的確值得。唯一方法是透過另一內行管道。我本來就跟另一家經銷商（B車行）一位業務員有交情，非常欣賞他的正派。

這是有理由的，他的誠信曾經過考驗。有一次我把車子送進B廠，維修部門的人跟我說，再多開一英里車子就爆了。我覺得有點誇張，但他們講得非常驚險。我把這話告訴那業務員，他咯咯發笑：「葛雷格，我向你道歉。這些傢伙只是想把車子弄進廠而已。」他說：「老兄，你再開個十萬英里大概都不會有事。」我就說：「謝了。」憑這人格，他贏得我的信任。

回到我跟A車行業務經理來往那一幕。當下我致電B車行那業務員，告以這筆交易，他就在電腦查這款車的價格。回電時他告訴我：「葛雷格，這價格很棒。我要是你就接受。我們這裡完全給不出這種報價。」我謝謝他的坦誠。我從A車行買了車，但仍回到B車行找那位內線；我跟他握手，付他一百美元作為酬勞，那是我維繫一份忠誠可靠的資源的方式（當你碰到像這樣的資源時，找出讓

他們忠誠對你之道）。

霸凌者的行動會透露心態，你一定要留意這點。別聽其言，要觀其行，行動揭露的心理狀態，遠比言詞要多。

霸凌者對標靶的觀感

誰會成為標靶？視霸凌者個性，他可能會挑個軟柿子，或比較不會導致他下不了台的。霸凌者喜歡避免正面衝突的受害者，而這又強化了霸凌者總讓受害者無處可退的觀念。

對照一下，當某人被逼到起而對抗，霸凌者可能住手思忖：「哇，等等，我想我可能已逼近一條我沒打算超過的界線。放這小子一馬吧。」霸凌者對標靶的觀感，端視標靶對自己言行所生的反應而定。

標靶對霸凌者的觀感

霸凌者往往知道自己在標靶眼中的模樣。某些情況下，霸凌者不過就是想贏得尊敬仰慕，肯定其存在。如果標靶沒顯示出來，霸凌者可能就不斷進逼，直到標靶有適當表現。

兒時，我們講「不鳥你」，意思是我們不予以適當的尊重。某些時候這就足以激怒某人：「你擦撞到我，卻沒說『對不起』嗅。」「喔，對不起。」你答。「太遲了。」說著就朝你正面揮拳。

言談線索

講話的速度腔調，也是一種肢體語言。說話速度，是口語形式的線索，可從中窺見對手的思考過程。若此人講話忽然加快很多，回味你們在這之前談了什麼，什麼可能使他開始急切表達？

言談放慢，可能表示對手正在思索。意謂他也許在分析你所說的，而非他自己所做的。這也許指出對手的霸凌行徑緩和下來。

傾聽對手的說話聲調。句尾音調陡落，常在強調某個重點。若上揚，比較像在提問。

當女性感覺對方太富侵略性，就要留意這霸凌者的聲調速度。注意，我在此沒說「霸凌」，而是「太富侵略性」。霸凌與否，取決於施受雙方。「你最好立刻住手」，這話她怎麼講很重要；低沉堅決，勝過咯咯輕笑，前者絕對更令侵略者印象深刻。發笑及輕快語調違背了言詞，反而傳遞出：「也許我並不希望你不要這麼有侵略性。」

假如你想送出強烈訊息（尤其當女性面對過於侵略甚至霸凌的行為），用強烈語氣說：「住手！」注意，幾個字就好。「住手！」簡短扼要，「假如你不停止，可能會導致我們陷入麻煩，或讓我認為你在霸凌我。」太囉嗦。當對方霸凌你或太盛氣凌人，你若真想制止，訊息一定要有力。

肢體語言流露出的尊重或藐視

且說你們面對面，霸凌者開口：「我們有差不多一個小時做出結論。」他的聲調速度有一種壓迫意味，人顯得魯莽急切。你決定不理會這番言談，不予尊重。你正讀著跟談判無關的什麼東西，然後把這東西扔開往後一靠，雙手交叉在脖子後面，意謂著「我處於掌控模式，處於思考模式，處於一切皆美模式。」你可以這樣回答：「是嗎，好喔。」

這會兒，霸凌者暗忖：「等等。『是嗎，好喔。』是什麼意思？我剛才強調了時限，而你只回說『是嗎，好喔』，根本沒留意我說什麼，一副全世界的時間

都在你手裡的德性。」那些信號都在表達你並沒全神貫注於這場談判，也沒很在意這霸凌者說了什麼。這些反應足以激怒霸凌者。如果那是你的企圖，你成功了。

想想如何不發一語，以肢體語言對抗霸凌者。霸凌者說：「我們得做個結論，因為時間差不多了。」你可以身體往前說：「我同意。」看他接著怎麼說。再次讓他控制談判步調。你可以這麼做，看他究竟要把談判帶到何處，或在你同意之後會怎麼做。

身體往前這個肢體語言表示：「我在聽你要說什麼。接下來怎樣？來啊。」讓這動作更具分量，你可以同時很快地說：「我同意。」如此的簡潔快速，意謂你明白眼前的時間因素。你同意對方，看他再來打算怎樣。

霸凌者說：「我要你在這虛線上簽名，完成這筆交易，你我就可以開心的離開。」在這種情況，當談判對手說雙方可以對交易感到開心，我曾用過這麼一招：「我問你：如果交換立場，你會接受這個交易嗎？」這是很難躲開的陷阱，因為如果霸凌者說：「會，我會接受。」他就給了你翻盤的權利。

且說這是個六四強的交易，六成站在霸凌者那面，四成對你有利。此刻霸凌者說：「會，如果你有六成贏面我四成，我會接受。」你下一個問題就是：「那我們何不就這樣設定前提，然後我就在虛線上簽名？」當然，霸凌者馬上領悟他處於非贏狀態。你把他放在一個盒子裡，他得設法跳出來。你就等著看他如何脫身。「你知道我不能接受。」他回答。

「那你為何認為我能接受？」你更強勢地問，語調傳達出你的不滿。這個反應，是霸凌者想繼續談判前得解決的問題。

遣詞用字

面對霸凌者，小心用字。假設霸凌者說：「我會踹你一腳。」也許他是指真的動粗，也許是指要贏得協議。假設他說時姿態極其強硬。你可以這麼回答，表

示不甘示弱：「你覺得那我會在你踹一腳的時候做何反應呢？」

你學他說「踹一腳」，口氣如出一轍。這番話讓他暗忖：「這小子不會任憑被踹而不做出一番抗拒的，也許我該重新評估怎麼掌握情勢。」

你怎麼回應，用何種肢體語言，端視眼前局勢及你希望後續如何發展。你的策略將顯示你是想更強勢或不那麼強勢，或願意完全配合，以達成你的協商目的。

這霸凌者可能會說：「這場談判可真艱辛。我想我們快做出協議了。」你可以微笑答覆：「我同意，這真是場艱辛的談判。你是個強悍的談判者，朋友。我就欣賞這種卯足全力想贏過談判對手的人。」

留意這番話引起的反應。讚美往往讓霸凌者飄飄然。你的話同時表達了認可。你也可以採用完全相反的字眼，用軟弱的言詞說：「老實講，你實在是個討厭鬼，但我得說，有時就是得要個討厭鬼採取強勢才能贏得談判。」以下則是你要避免的一些例子：

- 「我想我們可以這麼做。」
- 「假如這麼做，也許我們可以達成協議。」
- 「我不確定這個方向是否正確。」
- 「我不認為我能這麼做。」

上列這些字眼讓你顯得軟弱，以下就不會：

- 「我們可以這麼做。」
- 「那我可以接受。」
- 「我們該朝這方向走。」
- 「這會是很正面的成果。」

比起「也許」、「可能」、「或許會」，肯定字眼能讓你講話更有分量。除非你想刻意示弱，否則應採用明確有力的詞句。

決定姿態

想想，面對霸凌者該採取何種姿態。若考慮採取某種姿態，前提應是能為整體談判策略加分。若打算擺出戰鬥性姿態與霸凌者交手，應準備採用漸進式，甚至可分一到十級。

「第一級」可能是稍微調高音量，表示你不同意。「第十級」可能是放聲大吼。

你也不妨採取服從姿態，觀察對方會如何。這時你也許說話時有點侷促，刻意把肢體內縮，雙手緊靠軀體，雙腳併攏。你的聲調壓抑，姿勢保留，雙腿靠近自己。在霸凌者看來，你宛如把一手牌靠緊胸前，令她不禁揣想你在動些什麼腦筋。那可能讓她無暇進攻。

隨時考慮模仿霸凌者動作。如此你也許能體會其內心所想（從肢體運動角度而言）。若真的步調一致，你能感受到他的思維，預測他下一步，也明白自己的舉止產生何等影響。

- 他下一步如何？
- 他變得比較溫和嗎？
- 他變得更惱火嗎？

接著，重新評估他受你影響的程度。你達到原先設定的目標嗎？這霸凌者的反應在你預期之中？你覺得他這些反應是真是假？

勢所難免，有時霸凌者會誤解你的肢體語言。當你意識有此現象，你要如何調整回來？也許應該先問：你如何判斷霸凌者誤解了你的肢體語言？你看過卡通片裡滿臉疑問的狗兒，頭朝一邊歪。人感到困惑時也是同樣德性，出現的肢體包括雙眼稍微闔上，頭部傾斜，嘴唇張開；上唇朝上，下唇往下，顯得張口結舌，更添不明所以。

看到這種困惑表情，你知道這人想著：「我察覺到什麼？現在是怎麼回

事？」而此時你可以問：「你在想什麼？」與「那是什麼意思？」就能進一步探知這霸凌者對你舉止的回應。

假如你意識到他有所誤解，鼓勵他開口澄清：「你不清楚我說的是嗎？你接收到什麼？我可以幫忙釐清嗎？」依據他的遣詞用字，你就能解開他當下心結。

談判碰到這種狀況，可採取一種手法，就問他：「你接收到什麼？」讓他進一步提供他的思路。他講得愈多，你愈明白他誤解到什麼程度。

想確認他講的話與他接收到什麼訊息，你可以做完全一樣的事：擺出與之前相同的姿態，看他做何反應。這將成為一個基準點，讓你能以此肢體施展某種策略。在你的肢體語言和策略之間，你已塑造出一種發揮在情緒上和潛意識的關係。

根據對方對你肢體動作的解讀，以上是你得以理解他、重塑他想法的一些方式。

置身主場的霸凌者

現在來談霸凌者的主場。從某個黑暗街角到明亮會議室，都有可能是。而你怎麼運用肢體語言，要看所處環境。

舉例來說，韋恩斯坦的主場就是私密的飯店房間，他在那兒舉行「試鏡儀式」。韋恩斯坦與他的許多同類遭到控訴，他們利用職權，用名氣或特權要求性服務。韋恩斯坦給的是在好萊塢影片中的角色，迫使那些女性決定是否應該低頭。

霸凌者在自家主場最感安全。韋恩斯坦與某個女演員或未來女演員置身飯店房間，最感覺自己握有權柄。在對方的主場談判要特別小心。你聽過所謂的「主場優勢」。談判者身處「自家環境」時，會利用這點來影響結果。

性掠奪者通常挑選不受干擾之處。當他設計出跟目標對象獨處的場合，後者

瞬間孤立無援。了解年輕模特兒面臨的風險，「康泰納仕」（Conde Nast）集團訂出保護條則：「所有時尚攝影的模特兒需年滿十八歲。唯一例外是一組畫面或新的故事中的角色，但這些人需伴有監護人，隨時隨地。」[5]

前美國奧運體操隊隊醫拉里・納薩爾（Larry Nassar）遭控性侵一四〇名女性，這是根據一名女將的證詞，而納薩爾稱之為「醫療行為」。國手之一的麥凱拉・馬羅尼（Mckayla Maroney）指稱，二〇一一年奧運期間，納薩爾讓她服用安眠藥，當時十五歲的她醒來發現自己躺在納薩爾旅館房間，後者正在「治療」她。馬羅尼說：「大家應該要知道，這種事並非只發生在好萊塢，而是任何地方。只要有人坐擁權勢，似乎就會加以濫用。參加奧運一直是我的夢想，但其間我必須承受的，卻毫無必要，令人作嘔。」納薩爾認罪觸犯聯邦兒童色情條款，被判監禁六十年。[6]

當你在霸凌者的主場談判，利用你的肢體語言強調出力量來與對方抗衡。你可以交叉雙臂，緊皺眉頭。想想有哪些可用於這種情況的信號。即便身處霸凌者場域，你仍可藉著肢體語言削弱對方優勢，像是蹙眉，雙臂交握，兩腿平衡站開。握拳，兩臂交叉，更能加強氣勢，凸顯動作；那在表示：「我準備採取動作了。給我閃開，別惹我。」

當心談判環境，以便從自處之道取得力量。環境對你不利時，少笑一點。避開某些場地，像是霸凌者同夥現身之處。這些人的出現，讓你處於下風（你心裡是否見到霸凌者被保鏢們簇擁的景象？）。

趁霸凌者最弱時向他挑戰。前提是你抓得住他的心態，包括他是否有意證明給某人看，而這某人對他是有影響力的。在座可有他亟欲表現自我的對象？比方說，他可能很想得到老闆讚賞，「你砍掉這供應商的價格，幹得好。」注意這霸凌者的用字及肢體語言。他採用沒那麼強硬的說法嗎？他可能說：「呃，如果你這樣，或許我們可以協議。」而非「你就是得這麼做！」

留心他說話時肢體傳遞出來的訊號。假設你們面對面，他四處張望看有沒有人會聽見你們交談。這意謂他不想讓人聽到內容，成為證人。舉例來說，這霸凌

者有心推翻曾同意你的條件，不希望有人能證實曾有此事。你若警覺這點，可以敲敲公事包或皮包，暗示你有錄下這場對話。

你可能還記得，川普總統叫當時的聯邦調查局局長詹姆斯．科米（James Comey）私下舉行二人會議，據稱川普要求科米撤銷對前國家安全顧問邁克爾．弗林（Michael Flynn）的調查。當科米挺身作證，川普總統稱他扯謊。川普推文說：「科米跟媒體洩密前，最好希望這場對話沒有『錄音帶』！」[7] 對此，科米回：「老天，我真希望我有錄音。」[8]

重點是，在現今高科技時代，用手機錄下對話太容易了。要清楚你將面對何種霸凌類型，為防止他將來採取什麼行動，你現在就得謹慎行事。處於霸凌者的場域，記住這些守則：

- 別擺出挑釁姿態，這會升高情勢。你要當控制情勢的那一方。
- 若霸凌者打算拿出霸凌伎倆，而周遭另有他人，從霸凌者的肢體語言判斷他是否在演給這些人看。仔細觀察他在使霸凌手法時，是否眼覷其他在座者；他是在徵得他們表達首肯的信號。

- 注意這些人的言外回應和話語，像是「喔」或「下手吧」的信號。若毫無反應，則會削弱霸凌者一些氣勢。

這些肢體動作讓你窺見霸凌者的念頭。

利用他人的肢體語言來對付霸凌者是可能的，即便那人本身並不在場。前提是你熟知這霸凌者所尊敬、視為夥伴的人；模仿這些人的肢體語言，傳達你與他們之間的情誼。

假如你的肢體語言神似這霸凌者曾霸凌過的人，霸凌者得到的信號就是：你跟他過去的受害者無異。

採取強勢的肢體語言是有用的。那會提醒霸凌者，他曾在他眼中的強人身上見過同樣舉止。

結論

談判也好生活中也好，霸凌者不會挑個強力目標，那太麻煩了。仔細觀察霸凌者的肢體語言，即可察覺談判的走向與解除緊張情勢的方法。

你一定要準備後援；讓霸凌者覺得他還得費心處理。以肢體語言讓霸凌者不想選你當目標；如果他還是選了你且展開霸凌，你要做好準備。擺好架勢，毫不示弱。當你塑造出不好惹的形象，前面的路就好走了。現在再為這形象增加一面：你講公平，你尊重人。霸凌者出手前會猶豫再三；他可能心知肚明，想勝過你只是自取其辱。

關於肢體語言的解讀，我的網頁還有更多資訊：http://themasternegotiator.com/negotiating-with-a-bully

❖ 功課

接下來的二十一天，努力觀察周遭你認識、不認識之人的肢體語言。每次十五分鐘，一天三到五次。

這項練習旨在讓你更敏於人們展現的肢體信號。對象若是熟人，你可直接詢問確認你的觀察是否正確。

我自己仍不時做此練習，以持續鍛鍊閱讀肢體語言的能力。有時我在人潮匯集處找陌生人攀談，像是機場、演唱會這些地方；我介紹自己，說出我所觀察到的，請他們給我簡短回饋。有些很有意思的談話就此展開。

隨著解讀肢體信號的能力增強，你將更能洞悉對方行為背後的念頭，談判整體實力也將明顯提升。

第三章

研擬回敬的策略

了解霸凌者舉止隱含的訊息，有助你做好與他抗衡的準備。早在來到談判桌前，你就要觀察他的癖性、與人互動的風格等等。特別是與人互動這一塊，更是你對一個有霸凌習性之人要格外留意之處。由細節觀察起，你將更能有效準備應付方式。

例如你剛好認識一名談判對手，你知道他不管面對多少證據就是會嘴硬到底，那你就得準備另一套對策。準備工夫就是花時間觀察對手的平常舉止，從中即可得知因應之道。

觀察這霸凌者，確保你了解他的舉止及他在特定場合的行事模式，你就能擬定出有效的談判策略。

正確舉止

所謂正確舉止，端視對手而定。在許多場合，軟底霸凌者是那種測試著能把你逼到哪種程度的人，其實他本身並不那麼具有霸凌性格，只是用霸凌作為手段或策略。假如你的反應與他不相上下，他可能就即時縮手，不再咄咄逼人。

再來看一個澈底的霸凌者。此人完全沒把你放在眼裡，他就是要占上風。看你定了什麼樣的談判策略，也許你決定擺出同樣好鬥的姿態，或故意顯得溫和；看他如何進逼，打哪種算盤。一個握手，可道盡其中奧妙。

當川普總統與法國總統馬克宏會晤握手，川普總統透過此舉充分展現其好鬥性格，始終不肯放掉馬克宏的手。這場握手，整整持續了二十九秒鐘！[1]

最愛掌權的人，握手最久。馬克宏總統也以同樣氣勢回握川普總統。其間交換的訊息差不多是這個意思：「我絕對做盡一切讓你知道我也不好惹。我可不會

認輸。別想唬我。」馬克宏總統藉由此舉，純粹要讓川普總統明白：他不接受霸凌，川普想都別想。

採取什麼姿態，需要事先設計，以達到理想成果，呈現某種形象，嚇阻對方的霸凌意圖。

與霸凌者互動vs談判

你可能與某個霸凌者進行著互動，不認為是在談判。改正這種心態。記住，你時刻都在談判。今天你的作為，可為明天的互動氛圍打下基礎。平常互動與正式談判的差異極其微小。從霸凌者平常的舉止，可窺見他對特定情境的可能反應。你由此可預期該如何應付其霸凌伎倆，準備實施某些策略。

也許這霸凌者認為你是個潛在標靶。若他察覺你一絲弱點，即便不是正式談判，也可能開始盤算要如何以霸凌來操控你。

試想這個場景：你跟一群人正排隊等待進戲院。一個霸凌者直接走到最前頭。假如有人向他抗議，那就是一種談判。這種情況下如何與霸凌者互動要格外留神，隊伍中有很多你不認識的人。現場有其他人；單單這點就會造成霸凌者的舉止不同。

霸凌者可能反應出人意表，只因他不想冒險出糗。畢竟他自認夠強，插隊到前面也沒人敢說話，如果你出面，要怎麼講話應考慮周遭另有旁人。這種情況的互動，跟旁邊無人恐怕不會一樣。

假設霸凌者插隊到某人之前，而你本來排在那人前三個位置，如果你保持沉默，霸凌者會看在眼裡，把你列入他霸凌的目標。

霸凌vs誤會

換個情境，有人插隊可能出於無心。我的一位同事跟她兒子有一次在加州準備排隊搭空中纜車，他們走上台階接上隊伍，沒注意到這條人龍是從右邊轉進來，隊伍盡頭其實在他們右手邊。陽光在他們眼前閃爍。一位婦女清楚地告訴這個媽媽：「隊伍的尾巴在我後面。我們全都跟你們一樣在排隊。」

我同事馬上道歉，走到尾巴去。在那名送出強力訊息的婦女周遭的每個人，也都會出言制止想插隊的霸凌者。

你可能會誤判某人行動，把無辜的他們視為霸凌者。弄清楚他們的真意。這對母子並非故意插隊，純粹是不小心。經人點出隊伍實際狀況，他們就道歉歸位。

若碰上霸凌者，他大概有這種反應：「干你屁事。我管這隊伍在哪。你想怎樣？」那是正面挑戰，此人立場無庸置疑。從一人的回應及行動，你看得出他是怎樣的霸凌者。

我曾碰過類似情形。當時我已經快排到前面，一個女的張望一番，決定插進我前幾個位置。我客氣地說：「不好意思，小姐，也許你沒注意到，隊伍盡頭是在後面那裡。」她看著我，這樣回答：「我又不是插到你前面。少廢話。」

我自忖：「這話可妙了。她不明白如果我本來第四，因為她，我現在變第五了嗎？」我又想：「我別把局面搞僵，畢竟她是女的我是男的。」我想這對我最有利，尤其我都已經這麼前面了。如果情況翻轉，她是個男的，我的口氣可能就比較強硬，而當下也明白我要能掌控接下來產生的局面。你在面對一個霸凌者或疑似霸凌者，務必有此考量。

我年幼時，較大的小孩會找小小孩的碴，知道後者無力抗衡。大小孩會拿走小小孩身上的錢，還把他們痛扁一頓。等有些小小孩變強壯（有些還強過那些霸凌者），那些大小孩就不再惹他們，知道自己可能會自討苦吃。

因應策略

了解霸凌者動機，你就比較能掌握他們的心思。試想那硬底的霸凌者：

- 他如何挑選目標？
- 他為何挑選那個人？
- 他在什麼地方採取霸凌手段？

這個分析讓你看透霸凌者，得以找出對策。對霸凌者而言，保住顏面很重要，當他覺得無路可退，很可能會失去理智（無論肢體上或情緒上，都別把人逼到死角，他們會挺身反擊。你可不想激起自己無法預測的任何反應）。

解析霸凌者的心態，可找出他霸凌的動機源頭。有時並非因為你的個性，而是因為你的族裔、性別、性傾向、宗教，或任何他不喜歡的因素。攻擊你，其實就是攻擊他討厭的那種人。

知道有關霸凌者的這一點，你就比較知道如何對付他。如果你感覺到他其實希望受到理解，你可以試著表示理解；或試著提供資訊，助他重新審視自己的觀點。無論哪種情形，你知道他有那種心態，就理解他何以想霸凌你。你可以改變他的心態模式。

理解對手心態（意指其思考方式，與那般思考的原因），對談判進展十分重要。看透他的思維，你就能判斷：相對於你是否讓步，他更在乎自己要展現強勢。如果他確實如此，你也跟著展現強勢，即便他對你出言不遜。那番言語恫嚇可能在測風向，他想掀開你的弱點，如果成功找出，他就會大加利用。

霸凌者有恐懼。如果能知道他怕什麼，談判這方就得以把持局面，設法引起霸凌者心中的害怕。霸凌者怕被人霸凌，與企圖霸凌人時出糗。

談判時與霸凌者槓上

如何槓上霸凌者，要看幾個因素，其中一個就是周遭是否另有其人。他們是站在你這邊還是霸凌者那邊？如果在你這邊，那就是一股霸凌者也必須對付的勢力。

再換個情境，假設所有在座都是他的同夥。現在是他有後備支援，他知道他可以加點力道，反正背後有靠山。而那些同夥也可能煽動他進一步跟你鬥。目標很清楚：他想贏。這霸凌者也許是這夥人的領頭，也可能是名從屬。

要加入某些幫派，得歷經一番儀式，以證明自己夠格入幫。這些新人要能逞兇鬥狠，例如殺人，才能向未來的夥伴顯示自己夠狠，夠資格。

你不僅要考慮霸凌者一人的行為反應。以前述那則插隊的例子來說，當那名婦女出面告訴我同事她站錯位置，旁邊所有人都在看。雖然那位女士身邊只有家人，但在場每個人卻都參了一腳。大家都想下山，大家都會挺這位發言人。

假設這霸凌者身旁圍了三個彪形大漢。想槓上他的人，都會先估量他這些強壯夥伴，想想自己有何後援。談判時，霸凌對手周遭有何強固勢力，你要有所認識。

能清楚自己對抗什麼樣的勢力很有用，但有時這是看不見的。在今天這種環境，有些人得以恣意妄為。比方美國有些地方，民眾可攜帶隱密武器。一個一六二公分、六十八公斤的男子可能敢向大塊頭挑釁，就因身上藏有武器。

談判時，若霸凌對手忽然變更兇猛，小心有什麼你所不知的。觀察這霸凌者平常行為，對照此刻舉止，究竟可有什麼沉默力量使他這般行事，你就比較有譜。

不僅要很注意怎麼表達意圖，也要小心當下環境。舉個例，假設我小時候不小心踩到霸凌者的腳趾，看當時環境，可能觸發一場好打。即便我說「抱歉」，恐怕仍不免一頓好揍。

打算跟霸凌者談判前，就要摸清會面場域，設想有哪些隱形力量會影響對方行徑。最好在踏進之前就要做好準備。基於自保，避開霸凌者能調集額外兵援之處，不然也要確保你有足夠後盾。

如果談判對手太剛愎自負，評估達到理想協議的代價太高，請準備好撤退。

你可以測試霸凌者的態度，看他想稱霸到何種程度。只需輕問一聲即可得知。舉個例，你可以說：「不好意思，先生。」來取代「嘿！伙計！」拿捏聲調。「先生」二字，語氣可以強硬，可以溫和。透過說話，可傳達你的情緒和立場。

談判情勢升高

不只霸凌者對環境的掌握會影響其舉止，在場有什麼人也會。情勢可能升高到失控嗎？在你才退讓前你容許它升高嗎？如果是，那會對你未來與這霸凌者的互動產生什麼影響？你能預測局面如何升溫嗎？

你可能遇上一個你必須插手的暴力事件，例如你察覺某霸凌者即將攻擊某人。警衛、警察、精神科護理人員通常都受過壓制暴徒的訓練。我有個同事她先生也有這種背景，有一回他們在餐廳，遇上一名男子帶著一支高爾夫球竿進來，當他掄起竿子揮向服務生，我同事的先生立刻起身阻擋。他知道怎麼讓這男子繳械，把他壓制在地，完全控制住他。就像這種情形，當你與霸凌者交手或挺身抗衡，也會面臨類似的可怕風險。

當你正面對抗一個霸凌者，如果他誤會你的舉動或意圖，局面就可能整個失控。假設這霸凌者血脈賁張而你站在五英尺外，他朝你邁進一步，怒氣填膺：「你說什麼？」這跟他站在原地說：「抱歉，不好意思，你可以再說一次嗎？」是很不一樣的態度。往前跨步的霸凌者，表示：「我離動手更近一步了。」

這種時候，你可以轉身說：「抱歉，我的意思是……」記得留意說話方式。

用字之外，聲調別有意含。假設你刻意或諷刺地說：「你有聽見我講什麼。」你把手擺在臀部，用肢體語言表示：「怎樣，你不爽嗎？」此時你更明確地傳達：「嘿，霸凌傢伙，如果你不喜歡我那樣說，我還可以更進一步呢。」你握有控制權。全面對峙至此尚未達到高點，但你必須留意你下個步驟。

多數人在緊張時刻無法思考，只會反應。他們注視著霸凌者的肢體語言，霸凌者也注視著潛在目標的肢體動作。你應協調一切動作，解決對方誤解你意思的問題。明確地再做說明，澄清你的本意。當你處於對峙情況，不要忘記肢體意含和語言外的動作。

你可以藉著言外動作對霸凌者表達敬意，但要小心，別靠得太近，霸凌者可能會認為你這肢體語言有威脅性。表現出你很認真傾聽，且注意臉上表情跟你講出來的東西要一致。

舉例，假如他說：「你不接受這條件，我就離開談判桌。我會毀了你跟你的公司，保證你的事業從此完蛋。」你傾身往前：「你做啊！」這充分顯示你聽進了，並且向他挑戰；相形之下，「哇，這話真絕情。為什麼你要這樣做呢？」就沒那麼有力。

你再度顯示你有聽進他的話。兩種情況都有向他表達尊重，但也藉由行為表達不同態度。你重新調整這霸凌者的立場：「我尊重你所言，但同時我也限制你霸凌我的程度。我的舉止已表達我不會照你的意思做。別唬人了。」

站著面對面，也可採取這種立場。你可以說：「我了解這個嚴重性。」把雙手擺在胸前形成一個尖塔，那無言中投射出主導意味。透過肢體語言和講話聲調，你傳遞你認真看待他的訊息；你有聽進，並且尊重。也許你不想這麼做，因為那有違你的目的。當然，你也可能想先暫時如此，再從他的反應推測他下一步怎麼走。你一邊琢磨後續表態，也依然對他表示尊重。

觀察霸凌者的舉止意含

想想你可以從霸凌者身上窺見哪些線索，以評估他怎麼看待你的行動。之前我舉例說，霸凌者朝你跨近一步：「你說什麼？」你該退後一步嗎？那表示「我準備要撤。」這霸凌者將依你的肢體語言解讀你的訊息。

再回到之前那無心插隊的母子案例。假設那位母親採不同舉止，不是跟那提醒她插隊的女士道歉，而是直直走向她。且說她直走到後者眼前六英寸距離，跟她說：「很謝謝你。我曉得了。」然後站在原地，看這女士如何反應。她口裡配合，肢體語言卻很強勢，旁觀者可能會在此刻介入。如果那位女士稍微後退，即意謂她覺得這個母親比她強悍，這對母子若不打算動就不會動。

你可以觀察霸凌者的肢體語言，尤其在談判桌，以了解他根據你的舉止會做何反應。身體後傾，意謂「我想跟眼前局勢拉開點距離」。揉眼表示「我不想看到下一步」。揉耳朵代表「我沒聽錯吧？我不相信我聽到的」。你也要明白：單一一種肢體語言，不能佐證你的感覺，要觀察整體動作。舉例，若某人搓耳同時身體也遠離談判桌，就進一步證實他不敢相信他聽見的或說出口的。

從肢體語言辨識對手思緒。觀察到這類動作，即可抓住時機，將其心神導至對你有利的方向。

跟硬底霸凌者交手要當心。可以的話，送上他想要的尊重，也讓他明白他不能霸凌你。集結實際或想像中的力量，把贏面轉向自己。

從霸凌者的舉止來決定如何讓他理解你。你講的話發生效力了嗎？當你把手擺成尖塔狀，就等於告訴他「我明白你講的」。藉由手勢及語調，你傳達了你的尊重，對他凝神諦聽。採取這個肢體語言，可能讓霸凌者立刻領略到你的專注，遂願意緩和局面。也許他會說：「我可以理解你充分體會，準備好進行談判。」隨時留意對方如何解讀你的肢體語言。有些霸凌者會把尖塔手勢視為祈禱而非威權。霸凌者如何判讀你的動作，觀察其言行反應即可得知。

以舉止暗示霸凌者

以柔和緩慢的語調讓霸凌者平靜下來。若他有所回應，即表示你能影響他。假如你們對峙而立，可以緩和地這樣講：「其實，我們不必升高情勢。」理想上對方將退開一步，表示同意。

當兩個男孩都不肯退讓，杵在那裡對視，為了化解局面，其中一人也許會這樣說：「我現在沒時間跟你窮耗。」然後可能後退一步。萬一對面那個霸凌者跨前，可能意謂他因此而壯了膽。相對地，若霸凌者留在原地或也往後一退，你便曉得他也收了手。

某些情況，眨眼是一種信號，可解讀為挑戰或是授權。霸凌者眨了眼，顯示屈服對方立場。要拿捏自己是否產生影響力。你可透過這類信號了解霸凌者的真實反應。

對付霸凌者的策略

截至目前，我談了當霸凌者出於某種解讀而開始惱火時，你可採用哪些肢體語言及動作加以安撫或堅持立場。其中，評估對手的反應強度是關鍵。

在此模式，你可採用一到十的量尺，「十」代表這霸凌者將不惜一切求勝，「一」表示此人只不過在試水溫，測情勢。

心中有此量尺，來假設你在談判前便知某人強度落在五，你預期這霸凌者在談判中會持續在五，並打算升高情勢，所以你的策略是帶更多人前往。你的後援軍有更多情資，在對方眼中是足智多謀、富貴多金或有權有勢，可助你達成目標。這麼一來可挫對方氣焰，或至少讓他明白眼前有多少阻難。如果你的資源勢力勝過他，就明顯立於優勢。

換個狀況，假設對手強度一樣是五，你找後援以前想先看看自己能做什麼。

你帶一位同事步入談判間，舉止流露著「我是很容易相處的隨合型」。你瞧他從五升到六。你愈是懷柔，他益發張狂。他來到七。霎時你加強力道，也許是召來後援、也許是改變姿態，變成一個強度達八的霸凌者。

必要時，你可在不同的時候交織運用這些策略。前提是，你得充分掌握他背後藏有哪些勢力。就像下棋，想執行致勝策略，你得能想好再來的四、五、六、七、八步。設想你將如何處理特定狀況，據此擬定策略，而這必須在踏入談判之前準備就緒。

有時，位於重要領導地位的霸凌者，會耍手段讓自己看來更不可一世。原因何在？他希望受到世界矚目，證明自己的正當性，顯示自己對這世界的重要意義。他玩著非常危險的遊戲。他必須向手下將軍們顯示自己的強悍，以免他們覬篡位。明白霸凌者舉止作為的可能原因，你更知道如何擬定妥善策略。

這就是霸凌者必須時時算計的緣故，他怕萬一對手失去理智，會忽然做出什麼無法逆料之事。遭受霸凌是霸凌者的噩夢。戰爭可能爆發。所以霸凌者得精確評估自己要逼近到什麼程度卻又不能太近，以免被迫或意外逾越那條線。

核武勢力，背後就是這種恐怖情勢。與霸凌者談判必須極其小心，也是基於同樣道理。我們確實可能失去掌控，只因出現意外。也因此，你事先研擬策略時要準備各種走法，萬一發生這個狀況，就這麼處理。

當美國在豬玀灣事件推翻卡斯楚政權計畫失敗，蘇聯總理赫魯雪夫與卡斯楚達成祕密協定，在古巴部署核導彈，古巴開始整理幾個設立飛彈基地的場地。當美國情報單位發現證據，甘迺迪總統發表公開宣言，警告蘇聯不得將侵略性武器運至古巴。但五週後一架美國飛機拍到照片，顯示飛彈發射基地仍在繼續建造中。甘迺迪總統下令封鎖古巴，要求蘇聯拆除基地，將所有核武運返蘇聯。經過一系列檯面上與檯面下的溝通，甘迺迪與赫魯雪夫達成解除危機的協議。[2]

藉轉向來分散對手注意力或與之對抗

轉向（misdirection）挪開了霸凌者的注意力。你讓霸凌者把心思放在其他地方愈久，他就愈沒空理你。你可利用別人去攻擊霸凌者，把錯誤資訊擺在戰略位置，或在霸凌者陣營製造對立引發恐慌。

運用肢體語言假裝你氣勢洶洶，看霸凌對手會怎麼反應。你也可藉此暗示「我不喜歡你講的東西」或「我不喜歡你的肢體語言」。

一旦察覺這霸凌者陷入困惑而沒發動攻擊，立刻離開。不要跑，只是趁他困惑猶疑之隙走掉。把握這個時機逃離可能讓你受傷的局面。

這個逃離概念也適用於談判，就算必須取消談判，你仍有優勢採取任何有利行動。留意這種時機。因為你有事前規劃，你會懂得把握。

設想一個可能升高的情勢，導致你跟霸凌者彼此對峙。這霸凌對手把手放在臀部，意謂他蓄勢待發，同時他開始蹙眉，傾身向你。你也對他擺出同樣姿態，送出這個訊息：「我不會退讓的，你打算怎樣就放馬過來吧。」

好，如果那確實是他的意圖，你及時揪出可說就是以轉向手段改變他的立場。所以轉向是如此有用的談判技巧，尤其當對手是個霸凌者時；但萬一他接下你拋出的威脅，則勢必會有其風險。

假如這霸凌者察覺你故意轉向，他可能會升高態勢，做出令你意外之舉。情勢頓時令人失措，你完全無法掌控。

想於談判運用轉向手法，要想好霸凌對手可能會有的各種反應。當你備妥因應方案，就能快速拿回主導權。

轉向作為談判策略，可岔開目前的議題，也可製造喘息空間。假設雙方火氣逐漸升高，你可以說：「我知道大家非常激動，我們能不能暫停一下？天氣這麼好，好天氣總讓我心情愉快，我們能不能到陽光下散個步？」改變環境能改變互動。善用這點，強化轉向的策略效果。

在這個例子中，轉向解除了現況壓力。漫步陽光下可帶來愉悅心境，這是不同於雨天的歡樂時光。轉向可用以紓解緊張局面。

我們再來談以轉向升高衝突。假設談判對手企圖霸凌你：「我會讓你公司倒閉。」這就發生在我一位同事身上。賴瑞身為律師，代表客戶進行購買一棟大樓的談判。買賣成不成，樓主瑪莉雅都不會有損失；大樓裡所有企業都與她無關。賴瑞對此卻一無所知。

律師賴瑞就想採霸凌伎倆來殺價。他利用轉向手法，企圖刻畫萬一他的客戶拒買，瑪莉雅將面對何等不妙的狀況。他不斷說著這類言語：「你恐怕會錯過這麼好的出價，哎，到時這大樓更難賣，想脫手都毫無辦法。」

此時這位律師想運用轉向描繪大樓沒賣出帶來的煩惱，接著他提出全然不可能的要求，而瑪莉雅則掛了他的電話。

運用轉向，要留意以下幾點：

- 這招用多久？

- 要升高到什麼程度？
- 使用目的？
- 如果局面因此轉向失控，如何挽回？

轉向是扭轉談判形勢的一種途徑。小小孩家長就成天用它，以移轉孩子對某事的注意力。爸媽指出另一件有趣事物，誘使小朋友放掉爸媽不希望他們做的活動。「我們來玩拼圖！」（好讓他遠離高溫烤箱）。

轉向是一項隨時可用的手法。假設這個虛擬場景：喬瑟夫與卡莉兩人坐在餐廳。當喬瑟夫瞄向手機看時間，卡莉心中發出呻吟。她看著丈夫皺緊眉頭，呼吸變重，她太了解他的脾氣，「又來了。」她想。

「卡莉，你知道從我們點餐到現在已經過了三十四分鐘，而第一道菜都還沒上嗎？我真要警告一下服務生。」

「為什麼我們就不能享受一頓輕鬆單純的晚餐？」卡莉真想不透，但她知道

此時最好的辦法是讓老公分心，於是她改變話題聊起即將來臨的假期。兩人如歷其境地討論度假可做的種種，時間飛逝。十分鐘後餐點上桌，喬瑟夫幾乎沒瞧一眼就繼續沉緬於他的想像。

那就是轉向，但沒人如此稱呼。既然談判無所不在，我們要謹記在心的是：此刻你的所作所為，都將影響明日的行動與結果。

汽車經銷商也這麼做。你要買車，他們帶你來看這輛炫目帥車，你認定就是它，但牌價卻遠超出你原本的預算。車商怎麼做？他們再帶你看一款沒有你夢想的各項配備，但綽綽有餘，價格也相對便宜。你想：「也許我可以再擠出一些錢，或提高預算。」於是你買了心儀的那款。

出了什麼事？你被轉向了。你抱著一定預算踏進車行。業務知道：先介紹頂級款，你的心思就從小車跑到大車。結果你超出預算。轉向就是這樣運作。對付這種談判策略，你可以說：「想要的那款車我買不下手，所以我今天不買了。」說完起身往外走。注意隨後事態。業務是否設法留住你？若有，你便是以其轉向之手段還治其人，換言之，此時你占得上風。

談判行家會識破這招。當你被轉向而處於不利，你可用這類說詞予以拆解：

- 「剛才你做得不賴。」
- 「你是什麼意思？」
- 「你企圖把我引到別的題目。這個策略不錯，但現在讓我們回到……」

然後你回到你在對方祭出轉向之前的立場。此時是何狀態？你藉著引導對手回到主題，同樣耍了一手轉向。留意對手動心起念使這招的時機與原因、執行或準備執行的時間點。

引導霸凌者

以措辭引導霸凌者。像這樣講：「如果我們採取X立場，我知道你可從更好

的角度看事情。」霸凌者回：「我看得出那或許可行。」你強調視覺層面，對方跟著重複。這是一種引導方式。

相形之下，如果你說：「我看得出如果我們採取X，事情就有解了。」霸凌者答：「我聽起來可不是這樣。」這下你知道你得花一番功夫去引導他。這些就是你跟霸凌者談判時可用的一些言語暗示，看能否引他朝你要的方向走。是否奏效，可從他的回應窺見端倪。

以肢體語言搭配言詞，說話時擺出某種姿勢。舉例說，當你說：「要解決眼前狀況，你認為什麼是最好的辦法？」你可以同時傳達某些言外之意，碰他的手幾秒。假如此時這霸凌對手並沒把手縮回，便意謂他至少願意考慮你的建議。

從霸凌者的反應，可知你已開始引導他。如果你持續以這類問題提供出路而他微笑以對，你就更加了然，你確實走在帶頭之途。

從後方引導

透過從後引導，可讓他人提出意見，了解如何實施。在此同時，你不僅以適度的接受來鼓勵對手，也讓他們以為他們握有談判主控權。在一次媒體訪談節目，我談及歐巴馬總統如何與國會協商健保方案。訪談者提問：「你認為總統這樣從後引導，是明智策略嗎？」（歐巴馬總統讓國會握有主控權）我說：「是的，就全盤策略來看，這是明智之舉。」

透過這類途徑，你可判斷你是否成功引導了對方，同時讓他自認談判操控在他。

也許有人認為，從後引導是意圖誘騙。當你想引導霸凌者或讓他改變觀點，留意遣詞用句，以免他認為你是刻意設局。

舉例，假如你很希望這霸凌者吃巧克力冰淇淋，你會說：「你不會想點巧克力冰淇淋的，這東西對你不好。講真的，巧克力冰淇淋只會給你帶來各種毛

病。」你知道這霸凌者就是不聽你任何建議，很可能就點了巧克力冰淇淋，而那正中你下懷。巧克力冰淇淋可暗喻談判中你希望霸凌對手接受的任何事；前提是你曉得當你說「A」對方會說「B」，你講「晚上」他偏講「白天」。

談判時可用些伎倆，顯示你不在意某樣東西，或希望抬高那東西在霸凌對手眼中的價值。這就是談判當中的「掩人耳目」：你哄抬某樣東西，讓對手以為真值得那麼多。

失之遣詞，差之千里

你的遣詞用字不僅能影響霸凌者舉止，還能引導他。要非常留意怎麼講話。「這對你很好」要比「這對你過得去」有說服力。用字不僅能決定對手對你提出條件的態度，甚至還能影響他的心動程度。

與霸凌對手對談，試著以詞語引導他，要考慮這些策略。謹慎斟酌什麼是最佳用語，霸凌者會據此聯想到不同結果。考慮怎麼與這種人說話，是你在規劃階段要做的事，遠在踏上談判桌之前。在不同狀態觀察這霸凌者，你會知道坐下與之協商時該採何種策略。

有時你能預知霸凌者的舉止，有時完全事出突然，就像之前有人插隊的例子。談判中做到引導對手，足以讓你取得勝利。

即時掌握霸凌對手是否有跟著你的引導非常重要，因為那將決定你下一步怎麼走。

確保霸凌對手有跟著你，從那一刻起採行正確策略。在最理想情況，霸凌者接受你的引導，你達成理想的談判成果。而我們知道霸凌者是什麼個性，他很可能起而對抗你的戰術。那時你該注意什麼？這種情況下也許該叫暫停，或是問對方：「針對目前態勢，你最希望怎樣呢？」這霸凌者就會提出他的想法。

此時也可運用轉向。你可以說：「這我辦不到。」霸凌者回答：「要達成協議，我的看法就是我要一百萬美元。」你可以告訴他：「我沒有一百萬。我絕對

拿不出一百萬。」

假如這霸凌者只是想測試你是否拿得出這筆錢，你只需要明白表示那根本不可能。你可以表示「我們實際點吧」這種立場，霸凌者便會示意你可以拋開那獅子大開口的伎倆。多年前美國聯邦調查局要營救在南美洲遭綁架的美國公民時，就是採用這個策略。他們在綁架者認為談判正式展開前即扭轉了他們的期望。

假設霸凌者靜默後說：「好吧，那就五十萬。」你知道他變得很講理。如果他仍堅持要一百萬，就是離開談判之時。你顯示無意再談，對方伎倆無效。僅僅流露這種姿態，也許便足以讓他明白你的拒絕。

根據你對這霸凌者的了解，你知道他必須達成協議。你知道他要什麼，也曉得他的時間壓力。這些讓你更有斡旋空間。你作勢要撤，能產生某種轉向效果，但要留意對手看出多少；某些情況下，你展露愈多，愈是在養大眼前的猛獸。

鎮住職場上的霸凌

來看看職場遭霸凌的員工處境。假設霸凌者是老闆，員工處於無助下風，會更助長霸凌者氣焰。大企業有人力資源部提供後援，解決霸凌者造成的問題是他們的職責，這些問題包括性暗示、性騷擾、種族言論，侮辱員工之性取向、宗教或其他層面。

我們看到這種情事在許多公司上演，如媒體及電視台。某男子曾是一家電視台的大明星，他素來騷擾女性，終於讓這些受害者開始曝光自己遭遇。你以為故事應該到此為止，但這家電視台沒有任何作為，辜負了提訴員工。情況愈演愈烈，大老闆出面介入，公司開除那個明星，問題才得以解決。

當你無力單獨對抗霸凌者，設法借力使力。我的看法是：因為你隨時面臨談判，只要值得付出那個時間精力，你總有辦法對抗霸凌你的人。

霸凌者或許以為他擁有優勢。「假如你敢講出去，我就寫信告你工作不力，讓你在這公司混不出名堂。」以這種威嚇姿態，優勢變成恫嚇脅迫。霸凌者藉脅迫來讓受害者封口，自己也終將被自己的惡劣行徑反噬。

有位參議員曾遭到脅迫說，如果不參與勒索另一人，自己就會成為被勒索目標。為了阻止此事發生，這名議員挺身爆出內情，揭露那人身分，那人鋃鐺入獄。因不願同流合污，這名議員取走勒索者的優勢，用以反治其人。採用這種槓桿借力手段時要小心，注意別遭到反撲。

角色演練及霸凌者勢力

了解霸凌者的後援網絡太重要了，這樣你就能洞悉其真正勢力。若其後援很弱，自然就會瓦解。當你展現夠強的靠山，霸凌者後盾則將消散。你知道你能以此策略削弱其支援網，對此談判你看得更透澈。

在做反擊的準備時，可藉角色演練來實習你打算誘使對手出現特定反應的策略。你若了解她如何得到力量，就更知道怎麼從她手中奪走，或是利用那勢力源頭反過來對付她。

霸凌者可能會失去勢力。透過角色演練研擬策略，好在談判時削其勢力，助長自己。

霸凌者如何玩弄勢力，歷史諸多殷鑑。二次大戰期間，義大利獨裁者墨索里尼丟失權力基礎。民眾起而攻之，因為他們輸掉戰爭，墨索里尼遭到處決。當蘇聯包圍柏林，希特勒得悉此消息，決心不讓敵人握有他的生殺大權，交代火化他遺體後便自行了斷。[3]

你若知道過去霸凌者如何失去權勢，即可將致使他們如此的一些策略用於角色排練，測試不同理論。就歷史觀點探討各種「假設這樣，會怎樣」情況，深入領會運用那些手法之妙。一一檢視琢磨，思考如何融入演練當中。

舉例，想想怎樣在練習中傳達出強勢的感覺。取材歷史，尋求你不曾想過的挫敵手法。

想想如何離間霸凌者與其團隊，藉此得勝。做好情蒐，了解每個人各自想要什麼，判斷當中那些人出線談判的理由，你又如何能拉攏他們。間諜戰就是這麼回事——挖掘某人真正渴望。若能做到這點，你便也能想出方法，有效忽視霸凌對手暗中期盼得到的虛榮感。

記得要用霸凌者語言。如果他說：「我要踹你屁股。」你可別說：「假如你真的抬腳朝我身體那塊結構過來，我會賞你一大巴掌。」當霸凌者跟你說「我要踹你屁股」，別跟他咬文嚼字，用霸凌者能懂的語言。

透過角色演練，你能揣摩當你試圖壓制，霸凌者可能做何反應，據以擬定策略。每次練習都嘗試離間手段，而要找出要訣，就是儘可能了解這霸凌者獲取勢力之途，可能何以丟失這些勢力，再儘量把這一切融入排練。

結論

與霸凌者談判，事先要仔細觀察。儘量做好情蒐，好能預測他在特定情況下的反應及思維。研究他那般行徑的動機，背後有誰支持，讓他主動降低衝突的情況，與他談判的最佳時機。

做好這些分析，你贏得談判的機會大增。了解了霸凌對手最看重的東西，你知道你握有可以小搏大的施力點，該避免什麼，或這霸凌者真正想達成的目標。

透過我網站上的資訊，提升你運用策略的技巧：http://themasternegotiator.com/negotiating-with-a-bully

❖ 功課

回溯歷史，任何層面都好（商業、個人、政治），了解霸凌者取得權勢之道。看他與哪些勢力為盟，如何進行；他以哪種謀略取得更高權勢；什麼又能壓倒這些力量。做好這項功課，無論在談判桌上或日常生活，你將更了然如何對付霸凌者。

第四章

被瞄準的職場弱勢

假設你正準備創業或轉換跑道，想想自己的人格類型。喜歡競爭嗎？還是趨避衝突？你擁有的技能應該適用於不同產業，那麼哪個產業最適合你？

各個產業都不乏霸凌者存在，了解這點你會站得更穩。本章深入職場霸凌行為，包括執法單位、職業運動、遊戲／賭場、電視廣播新聞（尤其女主播）、政府、大型企業。有了這個知識，你會更知道該把時間花在哪裡，放多少心力於其上。霸凌何以發生在這些地方、發生原因，各有不同狀況。有所認識之後，你更懂得如何因應。

為何霸凌活躍於各行各業？

一個產業的文化，會影響霸凌的蓬勃程度。影視圈和執法單位是兩個很好的例子。就前者而言，若想站到鏡頭前，一定要好看迷人。如果高位者不這麼看你，覺得你不如那些美女帥哥，你就可能遭到霸凌。外表決定際遇。

在執法單位裡，多年來都認為女性並不適任，天生體能條件不足。立下這種標準的人也霸凌某些種族，當這些人來到美國，便已被貼上特定標籤。

舉例，非裔美國人常被認為懶惰。相形之下，瞧瞧美國北部是什麼情景，尤其波士頓。這裡很多警察都是愛爾蘭移民，他們在一個充斥同類的環境中得到工作。[1]

進入之門為他們敞開，進去後升遷不難。簡單說，這個工作場合及文化，讓大家陷入一種因循文化，隨時間過去不斷加深。

相對地，黑人不僅很難得到警察職務，更往往成為後者標靶。最近就有一名警察被錄到這麼一段：他攔下一名白人的車停靠路旁，這名白人問：「呃，你不會想要射殺我吧？」這位警員說：「不會。你沒看電視嗎？我們只射黑人。」[2]

想想這種心態，而這一人極可能反映那整個部門。這種偏差使他拿既定的態度看待白人以外的族裔。

那可能見於各產業

一個產業或公司的主要文化，不見得支持霸凌，卻不代表霸凌就不會發生。

某印度婦女在一家小公司擔任要職，當她接下更多職責一段時間後去找經理談。她發現自己每天工作九到十個小時還沒空吃午餐，公司裡沒第二個人忙成這樣。她要求經理把一項職責另行分派，讓她好專注於公司目前的一項重點專案。經理沒有肯定她的辛勤或她對新專案的發想創意，反而做出人身攻擊，對她的表現表示不滿。在此之前，經理對她從未有過負面評價。

這個反應令她驚愕沮喪，當場決定辭職。之後她聽說，她的工作被分給十個人，經理沒再補人，省下一筆薪資。她不禁懷疑經理是否出於財務動機逼她走人。

種族偏見也可能在背後推波助瀾。她留意到，當她起身捍衛自己，那經理一臉訝異，他可能存有刻板印象：印度婦女較其他族裔的女性來得順從聽話。也許他以為：「我可以這樣對她，她不會抗議的。就算會，也不過咕噥兩句，絕對很好處理。」

霸凌是一種生活方式

在霸凌聞名的產業當中，某些企業與子行業鶴立雞群。職業運動是很好的例子，美式足球尤然。

我們再次看到霸凌與種族歧視的關聯性。有許多年，社會普遍認為非裔美國人欠缺足夠智慧擔當四分衛。物理學家威廉・肖克利（William Shockley）曾因在電視上一番言論引發軒然大波：「我的研究使我不得不相信，美國黑人在智力與社會表現的低下，主要來自遺傳。基因天生如此，後天無法做出什麼改變。」這個公開見解破壞了他的聲譽。[3]

要能縱橫職業運動，意謂要能同時掌握許多層面，賽事瞬息萬變。多年過去才終於出現首位非裔四分衛，即便如此，當時仍被視為創舉，是某種實驗，或藉

此提高民眾對賽事的關注度，眾說紛紜。

這種特性見諸許多業界，公司文化對某些族群抱著刻板思維，導致高層持有偏見，無法純粹以個人看待，在狹隘偏頗的觀念作祟下表現出霸凌行徑。有時他們並不自知流露這類確認偏誤（confirmation biase）（意指從事物上尋找確認跡象，以符合自己的主觀認知）。

你可以在影視圈、執法部門以致幾乎各行各業看到這種偏見，那些屬於「錯誤」族裔或性別者宛如低等公民，而同樣這種偏見，也使他們卡在基層。這也是一種霸凌，讓人無法晉升到其能力所及之處。

霸凌與不健康環境

我們也得留意評估產業成為霸凌環境的可能。若不當舉止——如觸法、霸凌、性騷擾——隨處可見甚至是常態，這環境就機能失調。截至此刻，國會尚有性騷擾保密協議，目的是防止受害者抖出國會議員對其伸出魔爪的惡行。某些情況更糟，人民納稅錢被用來理賠。掠奪者受到保護，無疑將更肆無忌憚。

因為是常態，現在更成了新準則，員工也就行禮如儀。你常可發現有些組織功能失調。以一家知名銀行為例，員工會在當事人不知情的情況下開戶，開愈多他們就可獲得獎賞。若有人不從，會被威脅飯碗不保。

說到不誠實、偏見、霸凌成為一種「新常態」，我想起安徒生寫的《國王的新衣》。皇帝出巡，渾身上下一絲不掛，所有人卻都相信他服飾華美，直到一個小孩說：「但他什麼都沒穿呀。」皇帝顫抖了，他知道這孩子說得沒錯，但他想：「遊行得繼續！」於是他顯得更意氣風發，隨從們在後面拉著隱形的長袍下擺。[4]

就像這位皇帝，公司或企業高層會制定員工行為準則。

你可以看到川普總統使白宮成了什麼樣。一眼可知，他讓大家彼此鬥爭以討

他歡心。一位新聞發言人就因為不肯跟人對幹以顯示有膽，因此掉了烏紗帽。

進去前先摸清職場文化

無論你是考慮在目前業界跳槽或更換跑道，都要好好檢視未來工作的整體環境與公司氛圍。這樣，你可以預想該如何融入，又不致成為霸凌的目標。

我稍後會多加著墨，但有些重點值得再三強調：你要非常警覺霸凌從何而來，如何滋生。如果霸凌來自高層，而你又不是戰鬥性格或沒有在這環境生存所需的特質，這工作最好別做，否則可能等於自掘墳墓。

如果你正考慮加入我們談過的業界之一，你要先打聽清楚，公司裡有沒有專門欺負弱小的壓迫者，以下提供一些途徑。

有些電視新聞台因內部霸凌事件被報導過。你可以在社交場合及社群網找他們的員工聊，從內部消息驗證你的疑慮，釐清就任風險。

可以上網查，可以跟同事談。在當今的網路環境要蒐集這類資訊太容易了，只需透過社交媒體，找到了解實際內幕的人探詢就行。

你希望找到一個能讓你安心發揮的工作環境，一種讓你能儘早達到目標的工作方式。霸凌可能會阻止你達成這些理想；一隻看不見的手，可能等著扯你後腿。進去之前要做好盡職調查，弄清是否存在這類障礙。

繼續下去。假設你懷疑有某種霸凌存在，即便屬於輕微（我說「輕微」是因為，有些人不以為自己是霸凌者，他們自稱那叫強硬）。「霸凌」如何定義，每個人或許不同，而無論如何，結果相同，你得清楚這點。

就算你強烈懷疑你打算去的這家公司霸凌頻傳，你還是要釐清其程度、對象類型、發生時機，與發生原因。為什麼一定要蒐集充分資訊和努力挖掘？因為霸凌不盡然總源於種族或性別歧見，也許你並不屬於這些類型。

也許你是個體格強壯的男子，將來會成為人們尊敬的執法人員，即便這環境

霸凌司空見慣，你不會成為獵物，因為你不具霸凌目標的特質。儘管如此，你仍需事先弄清這是個什麼樣的環境，並要了解其中霸凌發生的成因及對象。

遭到霸凌的其他原因

我談過種族，說到黑人、印度人等在一個文化可能屈於弱勢。外表是另一個明顯因素。我提到在影視圈，要充滿魅力才能出現在螢幕前。這個業界還充斥著其他霸凌理由。

也許你去試鏡，這角色需要肌肉發達的形象。你符合，就沒事。如果不，比方你很瘦，就有遭霸凌之虞；某人可能會衝著你說：「你沒事出現在這裡幹嘛？不知道我們想找的條件嗎？滾出去。」你得了解人家跟你說話的樣子。

你也要知道霸凌者可能攻擊什麼樣的體態，並了解他們何以覺得你太胖太瘦等等、他們外表如何、怎麼看待自己。你也要考慮到競爭造成的影響。

假設你想爭取一部影片中某個角色，那需要身材苗條。另一個纖瘦的人可能就會霸凌你。他體態與你相當，擔心角色被你搶走，可能會對你暗中動手腳（另一種霸凌）以確保獲得那角色。

其他因身材而造成霸凌的可能包括尺寸。我們會認為過重的人體能健康都不好，但他們也可能比瘦子還健康。這又涉及每個人的主觀認知：這人很胖、很瘦、體能很糟等等。

我們常就某人外表驟下判斷：過重者不僅體力差，還工作不力。我們也曉得，有些種族總以為其他種族在某些情況表現不佳。大家也知道，統計顯示高個子往往賺更多，[4]公認長得好的人也多半如此。

不同文化對不同體態的認知，也影響人們觀感。夏威夷傳統認為，一個人愈重愈有分量，這跟美國與其他西方文化恰好相反。

印度就是很好的例子。我有個朋友她先生於印度長大，當時周遭都很尊敬胖

子。比起一般人，胖子顯然較有餘裕才能多吃，所以地位高人一等。

相對地，我小時候每次打棒球，大家都認為胖子能力較差，儘管他們可能打擊能力較好。也許他們可以把球揮得更遠，但在球場跑動沒那麼靈活，所以不被看好。而這些看法大多來自瘦子；這種觀點讓他們自視較高。

所有這些情況中，觀感主要來自人們所在的大環境。因此，在評估霸凌舉止時，千萬別漏掉這個環境當中的準則。

防止霸凌的肢體類型

無論身處何種環境或文化，千萬別顯示自己是弱者。霸凌者常挑他們眼中最弱者為目標。這種傾向不只人類有，動物也總獵殺最弱者，雖然我們不把這稱作霸凌。

獵食者找獵物時，會搜尋目標群中最弱：跛腳的，最小的，年幼的。牠需要食物，要透過最穩當的途徑。

人類的挑選方式也差不多。當他們覺得此人強壯不好對付，就轉而尋覓弱一點的獵物。如果你看上去容易下手，會馬上被他們挑中。

要很注意自己的體態。無論高矮，不要彎腰駝背。疾步而行，神態沉穩。即使與上級談話，如老闆或督導，也語帶權威。

尊重他人，但別落得必須委曲求全。顧及禮貌之時，以言行展現你不會只因某人是「上級」就任其指揮。透過神態表達：「我尊敬你，但我不會成為你的獵物。」

再說那位遭霸凌辭職的印度婦女，她原可這麼說來劃定界線：「好，我可以做，但是……」大家都該認識這項重要的談判策略。設想每個情境都有終點，而你必須決定那是什麼模樣。事先就向對方挑明，好讓他理解你的期望。

假如這位女士告訴老闆：「我最多大概可以兩週超時四小時。」或任何她自

己能接受的時數。這樣一來老闆心裡有了底，明白可以從她這裡得到X小時，她可免於不得不辭職的結果，也許也能防止遭他霸凌。

永遠先設定期望，防止霸凌。你可以藉著自我呈現的姿態做到這點。肢體語言確實影響他人對你的認知；準備擺出強大姿態。走路抬頭挺胸，顯示出精力和信心。站立時，兩腿平均支撐重量。可以的話，兩手放在臀部；當你占據愈大空間，就愈有這裡的主導權。

絕對不要無精打采。注視某人時，拿捏時間長短，這要依據文化背景。在某些文化，若你盯著對方五或十秒，也許會被視為一種挑釁，對方會想：「你瞪我幹嘛？」在這種情境，視線下垂，表示「我是尊重你的」。假如你覺得看對方眼睛不妥，不防瞧著鼻子；從他們的角度，你依然是看著他們雙眼。

利用肢體表現你的尊重，但絕非可霸凌的對象，要謹記許多層面。刻意採取某種姿態，避免流露軟弱，都是有用工具。

認識微妙的霸凌形式

我說過，霸凌有時公然有時隱約。每個人都會根據自己的價值觀衡量與他人的相對位置。無論我們自認多厲害，有些環境就是不利於我們。我們必須備有足夠的談判策略。

如果你知道所處環境的價值觀對你的族裔有成見，你可藉著尋求奧援，改變態勢。

我年輕時有一次要買車，我估計如果我自己去，對方八成不認為我會有錢，談判姿態大概會比較硬。於是我請一位白人朋友陪我過去。果然不出所料。儘管我聲明我是買主，業務員卻始終望著我的同伴等答案。

我們談成一筆令人滿意的交易，但我懷疑若非那位朋友同行，身為非裔的我不大有機會拿到這種價錢。那業務員的觀點帶有一種偏見，認為一名非裔美國人

沒什麼購車能力。

當你是非裔族群，即便富有，例如嘻哈歌手，也難逃這類成見。有些非裔歌手身價高於汽車經銷商，更別說其中的業務員。然而在過去，當他們想買車也常碰到軟釘子。像這樣把你劃分為某種族裔而懶得理你，就是一種霸凌。

我自己也有此經驗。有一回我與兩位身為知名講師的同事，演講結束進行現場推銷。這時走進一位二、三十歲的女性。我們的課程價值不菲，價位約在一萬到兩萬美元之間。我們可從自己的業績抽佣。

幾位同事都沒理她。我走向她，開始聊開，結果她掏出一張美國運通黑卡，刷了一筆七萬五千美元的交易。

雖說我克服了認為這小姐不值得花那個時間的偏見，但我必須承認自己跟同事一樣，多少有些偏差；後來我們在討論這名女子怎會身懷黑卡且出手如此闊綽時，甚至沒想到也許她自己是地位不凡的成功女性。直到今天我還為此感到羞愧，卻也因而學到不少。

談判策略

現在你曉得了，霸凌型態很多，公然或幽微都有。有辦法一眼識破，就有機會取得上風。我們就來談談如何行動。

如何找出適用特定產業及公司的最佳談判策略？你得了解的第一件事就是：沒有能一體適用所有情況的策略。情況變化多端，你要仔細觀看，因應調整。記住：你隨時都在談判；上場之前，就得摸清可能面對的各種情境，擬定不同策略。

假設你知道你來到的這個環境，有強烈的霸凌文化。有人會採不容小覷、不會被誘導轉向、暗示著「想對我怎樣，我就兩倍奉還」的立場。

記得這些都是戰術選項。要展現警覺和力量，而擺出威嚇姿態則又讓氣氛不同。

假如你知道這名霸凌者處於弱勢，你可以找人強化你壓制他的位置。前提要充分做好評估，提高警覺。你應該也聽過，「好漢不吃眼前虧」。

有些情況，最合適的策略就是撤退，但這時仍要表現出你只是暫時如此。保留餘地，只要對方主動，你隨時可回到談判桌。

簡單說，你在傳達此意：「現在離我遠點就沒事。要是你緊追不捨，恐怕得付出很大代價。」

我們就在處理北韓問題看到生動例子。北韓試爆氫彈時，美國要求中俄協助。北韓在多數人眼中是個霸凌，中國不作此想，他們視北韓為附庸，並且是中美之間的緩衝帶。當你考慮藉霸凌同夥之力反制霸凌，想想這些夥伴想從這霸凌者身上得到什麼。

當下美國想藉中俄之力與北韓角力，在此同時，北韓不斷以言語激化美國。藉助中俄對抗北韓這招，終將失去效力。

要有什麼策略，端看當時情境。需要強硬就強硬，但要清楚之後得付出怎樣的代價。你也可以溫良恭儉，視需要而定。

評估你作為策略的任何舉措。想想今天你這麼做會導向何方，明天你將面臨對方什麼行動及霸凌。

提防逆襲

忽略短期、長期效應，可能導致一般稱為「逆襲」效應的報復。下面的例子正足以說明。

身為餐廳工會代表，愛麗絲找大家開會腦力激盪。她告訴一名同事：「看能怎樣迫使管理階層同意我們提升福利的要求。我們可以找一些顧客談，要求他們先別上門，減緩現金流入，管理階層就不得不聽我們的。」

愛麗絲與同事於是依計登門拜訪客人，請他們支持杯葛餐廳。這項舉措導致

聯邦訴訟，他們被控騷擾顧客。

某位任職餐飲業的女性，老闆來自另一個文化，總習慣性地把手放在她身上不適當之處。這名婦女從小觀念是擁有身體自主權；沒有她的允許，任何人不能對她上下其手。老闆之舉惹惱了她，她正確地判斷這是性騷擾。

這名女性申請調到另一個部門。獲得許可之前她便就老闆之舉提出申訴，結果被迫離職，只能屈就於一個小職位，枉費她爬到糕點主廚一席的多年耕耘。

於等待調職期間提出申訴，她沒想到可能後果。這就是逆襲或復仇效應的明顯例子，充分描繪吹哨者可能面臨的處境。她的不滿完全合理，有憑有據也合法，但就缺乏深思，採取能妥善自保的處理途徑。

另一個也是性騷擾的狀況，某女子提出申訴，控告督導總愛把她逼靠牆邊接觸胸部。這位先生跟警方通風報信，說這女子家中可能藏有毒品，警方上門突襲，果然發現現金和毒品，予以沒收。該女子力抗上級的努力，因被捕而盡皆失色。

若沒妥善自處，就算法律站你這邊也沒用。展開動作之前，一定要充分考量可能的演變；如果情況不妙，你能做什麼，將面臨什麼。

我必須再三強調：你隨時面臨談判，而今天所為勢將影響明天局勢。以下又是一例。

有一次我在賭場玩二十一點，荷官是名女子。我留意到當賭場管理員——一名男子——來到她身後，她就渾身緊繃。我終於發現那男的對她上下其手，我問她：「為什麼你不跟誰通報一聲？」她說：「你在開玩笑嗎？那樣一來，我會被所有賭場列入黑名單。」

這說明了一個鼓勵霸凌的產業，迫使女性接受不當侵害，要不就丟掉飯碗。受害者或可搬離此州，卻可能無以防堵逆襲。

關於逆襲，有句話講得好：「報復這道小菜，冷了最好。」你可能今天對某人做了某事然後澈底忘記，對你毫無意義。然而，那人卻可能開始籌劃復仇，例如不讓你升遷、拿到你想要的工作。

下面的例子，顯示衝著知名演員（姓名省略）而來的逆襲。這幾則軼事也提醒了我們：霸凌會危及頂尖事業。

- 一名在歌唱圈以擺譜為名的女星，在影視圈名聲極差。共事者稱，無論哪部影片，她都趾高氣昂，要求無限。最終許多演員和製作班底都拒絕與她合作。
- 另一知名女星同樣以挑剔聞名。她對聯手演員、製片小組甚至粉絲的輕蔑不屑，也眾所周知。
- 某男星以狂暴舉止聞名。在一次掌摑合演女星後，被拒參與某熱門影集任何演出。
- 另一位有著情緒管理問題的男星，形象惡劣之至，許多選角導演、製片、影藝圈高層都將其列入黑名單。

擾人、控制等行徑終結了多位演員的演藝生涯。某演員禁止片場有任何未經他允許之事；某前巨星如今只能在動作片露臉；第三位，宣稱某「大爛片」能夠賣座全是因為有他，而今銀幕上幾已消聲匿跡。

團隊合作的可貴

無論自保或揭發罪行，你一定要非常小心。某種情況往往需要強力後援。隨時考慮這種可能，必要時，請人罩你。

多年前，紐約市水牛城爆發一起健康危機，主要是沿著一條名為愛河（Love Canal）的水道的污染事件。有毒物質滲入民眾家裡及飲水，導致大人小孩都生重病。傾倒有毒物質的肇事企業則否認一切責任。

一名女子起身對抗該勢力，遭遇要她閉嘴的威脅。最終她贏得勝利，因為善用媒體將故事訴諸大眾。那是她奮勇向前的自保手段。對手知道：如果對她不利，會有一股龐大力量代她教訓他們。

她謀定後動，你也要這樣，尤其要想好可能的後果。有時必須暫緩行動，繼續蒐集更多內幕。有足夠事實就有立足點，就能有說服力地揭櫫真相於眾人眼前，獲得大家支持。若沒能打造群眾基礎，行動勢將白費。

這再次凸顯：進入某個環境之前，必須有所認識。做好準備接受別處不會碰到的傷害。也許你會做出決定：潛在的好處實不值得付出那麼大的代價。

吹哨者

業界與官方深知逆襲風險，訂出吹哨者相關法令，法條效能儘管不一，多少能保護那些挺身而出者保護自己。

就法律層面而言，有所謂「追索罰款分享」（Qui Tam）：扮演吹哨者向政府檢舉不法之人，可得追回款項之一定比例。舉例而言，吹哨者知悉聯邦醫療保險詐欺情事，起而告發，若政府討回一億兩千萬美元，吹哨者或可拿到某個比例。[5]

基於此因，吹哨前搞懂相關法律很重要。在此同時，法律上站得住腳，不代表就沒有逆襲風險。下個故事足以為鑑。

某病理學家著手協助各醫院了解某些數據模式。扎實的醫療背景讓他發現某家醫院出現特定肺癌的比例，竟是一般醫院平均的四倍。身為醫師的他曉得，醫院會接受這類病患遠多於普通肺癌患者，其中必有隱情。

他發現：肺癌類型愈罕見，補償金愈高。進一步調查發現，另有多家醫院也藉同樣手法增加收入。這位醫師提請追索罰款分享條例，領到一筆鉅款，但他也受到警告：若踏上該州西半部就要他好看。民眾開車聚集在他家車道盯著他，因為他戴上吹哨者的帽子。

最終他決定就此罷手，不再揭發其他詐欺案件。該做的已經做了，錢也拿到了，但人身安全這代價實在太高。

另一起事件發生在多年前的紐約市立警察局。當時這部門非常貪污，全員收賄。一位名叫法蘭克・薩皮科（Frank Serpico）的警察拒絕同流合污，舉報局內腐敗情事。結果，當他處理一樁爭執呼叫支援，夥伴沒有現身，導致他被毒品販子一槍打穿臉頰。他明白這背後的訊息：「好，你出賣我們，別想我們會罩你。」[6]

那位醫師在恐嚇之下轉身走開。薩皮科於生命遭到重大威脅後離開職務。

所以，作吹哨人是很難的決定。有時你可能決定潛在風險太高，你可能卻步，希望別人能挺身而出。另一方面，你也許決定由良知作為指引。

吹哨舉報的效應可能很強。有些州的少數族裔宣稱，開車時被警方攔停在路旁的機率高於非少數族裔。非少數族裔，尤其在警局任事者，則說那絕非事實。

包括新澤西、馬里蘭、俄亥俄、伊利諾等在內的幾個州，警察慣常在高速公路攔下非裔美國駕駛，比例遠高於全國交通違規平均。一項實證文獻指出，少數族裔遭攔下時被搜查的比例，是白人駕駛的三倍，這番差異不是族群因素以外所能夠解釋。目前美國司法部民權司及全美一半以上的州政府，都有在監控群族歸納（racial profiling）這項課題。[7]

種族歧視確切存在，點出一種霸凌形式。若非此議題被端上檯面，警方攔查仍將繼續，直到有更嚴重的事情發生。這就是霸凌環境必須發生的：一件極端事件，讓大家看見霸凌造成的某種差別。唯有如此，才能出現正面改變。

人們何以遭到霸凌？

從貧到富，所有政經階層都可見到霸凌。在背後支撐、鼓勵、教導霸凌行徑的，是存在於家庭及企業的價值觀。

拿一個成長於幫派的人來說吧。幫派要求成員嚴守幫規，有明確的地盤、紋身、手勢、常涉及暴力犯罪的入幫儀式。與幫派為鄰的民眾必須了解他們的舉止，這是自保的基本常識。

再舉一例，不少企業文化要求強悍的談判行徑。若你面對來自霸凌企業文化孕育出來的對手，就要使出各種談判策略。假設那企業的文化核心是「我贏，你輸」，你就要以不同策略應對，絕不落入為了協議只得出賣靈魂的困境。

要能征服霸凌對手，你得了解他的思維，其中一個途徑就是儘可能摸清他的所處環境。也許他這樣表現，是受同事影響。你若明白他有霸凌行徑的根源，就比較能從容應對。

在某些情況，觀察霸凌者往來對象即可窺見其信念。設法認識他親近的同事有哪些價值觀、對哪些事物深信不移；這霸凌者為了融入其中，也會照單全收，否則不會被接受。清楚了霸凌者的環境和心態，你能以最妥當的策略讓他收手。

生活經驗會衍生出霸凌。某人或許原本和善好施，而碰到某些情況，家庭的價值觀則教他要無情強硬。這個家最重視的是：不計任何手段，做出有利於自己的交易。這樣家庭長大的人，便學會用盡手段，只求勝利。

若所處環境講求合作，人就會學到不同表現。現在的小孩比較有國際視野，他們可能跟地球另一端的人一起玩網路電玩，學著消弭國界，認識來自其他文化的人。這也意謂當談判對手是年輕人，你或許能合理推測眼前將面對比較能合作的模式。

你也常會看到有人做出某些假設以抬高自尊，即便那些假設並非事實。這點是否重要，要看這些人對某些人境遇那麼好、得到那麼多的忍受度而定。這些人也許會霸凌他們眼中「擁有更多」者，直到對真相有更多理解。理解會是這種霸凌的解藥。

想了解有人為何霸凌他人，自問：他們是否缺乏安全感，是否想讓自己感覺好些。

一個很好的例子就是川普總統。你若仔細聽他的用語就會發現，他對當前大局情勢其實不甚清楚。這可能就是他總擺出霸凌姿態的原因，藉此掩飾自己的缺乏知識。

這種霸凌型態以此保護自己，他們的想法可能會是：「當我隨意拿各種理由

攻擊你，你就無法說我沒有知識。我不斷攻擊你，你就不會發現我在某些方面根本能力不足。」

借力防止霸凌

方法之一：了解霸凌者的仰慕對象，試著拉攏這些人，藉此左右局勢。假設這霸凌者的某位同事——姑且稱之為喬——對你印象頗佳，霸凌者就想：「嗯，喬說他不錯。如果喬這麼說，我最好就別惹他。」

抓住霸凌者對喬的敬重，這就是一種借力。你得摸清這霸凌者的目標，其他人會支持他到什麼地步，再找出方法善用這些狀況。

了解霸凌者的處境及動力，你就知道有哪些力量可借，如何獲得此力。舉例，採取一個競爭者的姿態，會是最理想做法嗎？這是一個選項。另一個是讓這霸凌者身邊後援相信你是在幫他忙。這些後援便可能對他說：「別攻擊他，他是站我們這邊的。他在幫你。」

或許你的表現更好，使他在這些後援眼中顯得不足，他們更欣賞你。此時你的防禦更加堅實，霸凌對手可能放棄攻擊你。但接著，你要小心霸凌者在你背後動手腳。

上述幾點，都是在與霸凌者真正交手前要慎重考慮的。如此一來，便可解決他想藉某些伎倆打擊你士氣的情形。

後援體系

想在霸凌文化借力使力，能找到哪種後盾，要看所處環境。在影視圈，可以找贊助商。有位新聞紅人不斷霸凌女性，電視台態度姑息，因為此人是公司招牌。直到贊助商開始拿掉廣告，電視台才開始正視這個問題。

導致贊助商出走的力量，來自公眾對此人的負評。贊助商會加以留意，因為這些人是他們產品的消費者。預期這即將影響到產品銷售，廠商不願再與這人有所瓜葛。大眾觀感造成廠商抵制電視台，導致電視台不再支持這位新聞紅人。[8]

雖說你面對的每個環節都很重要，你卻要找出最能使力的一方勢力。也不要忘記，霸凌者或許自認只是運用權力。權力流動不定，時強時弱，下一刻可能開始消退以致完全流失。想好借力種類、從何借力與理想時機。

如果當初那些控訴那新聞紅人的女性率先走向大眾，效果可能不比大眾施壓廠商、廠商再撤除廣告來得大。

了解誰在權力浪頭，能把誰拉攏到你的陣線；摸清什麼可作為借力的手段。充分善用，直到理想目標達成。

談判中的霸凌

當你面對談判，試想一個強硬派對手會玩哪些心理戰。這個人已決定出談判方向，你在此只負責簽署對她有利的協議書。她問：「有問題嗎？我相信沒有。你在這邊簽名。」可能表現的就像霸凌。大型企業有時也玩這種手法。

霸凌可透過這類訊息展現：「我比你大太多。你需要我，遠超過我需要你。」這時你怎麼應付？首先，別讓自己陷入這種境地。你隨時在談判，別把所有雞蛋放在一個籃子裡。把生意分散開來。

假設你非常想要這筆生意。別認為沒談成就是世界末日，這種心態會讓你任人宰割。某人侵略性太強，別有居心，精於操弄，都是一種霸凌。

當我還是小主管時，下屬需定期繳交報告給我。某人總是遲繳，我便告訴他：「如果你不準時，我們整組就會遲繳。」他仍我行我素。有一天，我寄給他一封電子郵件，並將副本傳給本組老闆。這位怠忽職守的成員說我被動攻擊，儘管那不是我的本意。

對方可能視你為霸凌，雖然你並無此意。如果對方是你所信任的人，開口要求釐清。你的策略將視你所要而定：

- 「我認為你在做這樣的指控。」（攻擊性）
- 「你說我被動攻擊是什麼意思？」（詢問性）
- 「我覺得你說我被動攻擊，是意圖轉向，避談你沒準時繳報告一事。現在我們來談談這個主題，以及身為經理，我對你的期望。」（分析性）

正視霸凌

對方說：「沒錯，我就是藉著霸凌逼你接受我的條件。」你要怎麼做？此時，定位（positioning）即可發揮作用。進入談判前，你得知道對手是何方神聖，他們最愛耍什麼花招？準備好後門策略。你可以說：「我不跟霸凌者談判。等你準備好改變態度，再通知我。」起身走開，看他做何反應。

避免過度依賴一家客戶。確保你有其他替代管道，並清楚多快可以到手。此外，了解客戶需求的時效性，也能讓你左右局面，知所進退。

做好準備，必要時拒絕跟霸凌對手談判。若你朝門口走去而他阻止你，顯示他準備協商。此時你可採「來看我們能怎麼一起解決吧」這種手法。離開戰鬥位置，變成合作型談判手。

結論

說到霸凌，要知道霸凌者總挑軟柿子吃，如果你不是這型，他就跳過你。所以務必表現出強勢，而所謂強勢，又根據你所處的企業而有所不同。

了解那些掌權者的心態，明白他們如何位居要津，摸清他們想讓他們的客戶得到什麼。掌握這些，你不僅不致遭到霸凌，甚至能凌駕他人之上——包括那些踩在他人頭上成就自我的人。

關於這項課題，我的網頁還有更多資訊：http://themasternegotiator.com/negotiating-with-a-bully

❖ 功課

如果你處於職場，觀察這個業界有哪些常見的霸凌、你們公司有什麼不同、不同的原因、業界及你公司會產生霸凌的背景、兩者面對霸凌的處置方式。這項練習讓你知道萬一未來碰到霸凌，可尋求哪些奧援。

假如你才踏入職場或考慮轉換跑道，你想進去的業界有哪些影響力是容許或抵制霸凌？你自己對霸凌的容忍度如何？透過這項練習，你能窺見自己在此業界的發展性與成功機會，因為一路上你恐怕得克服種種霸凌或攻擊。要做出更精確的評估，以霸凌量尺來審視你想加入的公司。有了這些洞見，你就知道想在這裡發光，大概要有什麼心理準備。

第五章

凸顯霸凌造成的傷害

與霸凌者談判，背景是學校、家裡或職場，情況會有差異。這些差異來自你的回應。本章主要在探討霸凌的代價——包括霸凌者及其目標，也提供幾位熟知霸凌的過來人的第一手經驗。

當你知道你的霸凌對手在家是什麼樣子——他可能覺得自己握有大權——就能充分發揮談判技巧對付他。他在工作環境的舉止可能不同於在家或在校，因為有個屬下會霸凌他。根據他在所處環境遭到的對待跟他對自己的看法，他會表現出不同面貌。

推想他自己怎麼看待他的霸凌行徑。舉例而言，某個父母或許認為打小孩是正常的教養。這算霸凌嗎？什麼尺度算是越了線？想想哪些策略最不會讓他出現你不想看見的行為。

家庭霸凌

在家中，霸凌者也許是一個姊姊哥哥、叔叔嬸嬸、爸媽或祖父母。家中的霸凌者往往能充分掌控目標。溫哥華成功之路學院（Success Road Academy）執行長布瑞迪．派特森（Brady Patterson）幼年遭到霸凌，他如此描述繼父：

他是令人難以置信的霸凌者。每天不斷霸凌我，說我一無可取，人渣一枚，絕對一事無成。從我很小就開始這樣。他不是非常暴力，但仍會施暴。我試著保護弟妹，什麼事都擋在他們前面，結果自己就成了個沙包。

有一回我繼父說：「不准打電話給你媽。」我問為什麼。那時他剛搬來跟我們住。我的責任是把弟妹從幼兒園帶回家，顧好他們，然後打給媽媽。於是我照樣打給她，立刻被繼父逮到。電話一掛馬上被痛打一頓。他警告我：「再也不准打電話給你媽，不然我宰了你。」這怎麼行，我立即又告訴我媽。

他並沒把我宰了。我媽當然跟他說，他怎能跟我那樣講。我有要求我媽別告訴繼父，她口頭答應，轉身卻馬上找他算帳。等她不在，我就遭一頓毒打加另一個死亡威脅。我學到，把這些講出來會很慘，一定會被懲罰。我真覺得我們應該打造一種文化，讓大家能講出這些事情而不遭懲處，事情就簡單得多，我的人生也會好過很多。

我媽以為虐待從此結束，完全被蒙在鼓裡，直到我十一、二歲或十五歲左右。這中間有六到八年我承受愈來愈慘的虐待，但我不敢開口。唯一那次，我下場只有更慘。

與派特森訪談的完整內容，可到我的網頁觀看：http://themasternegotiator.com/negotiating-with-a-bully

某公司女合夥人發現她的夥伴做了非常過分之舉：那男合夥人沒跟她商量，逕自成交一大筆生意。一次爭執中她再度提及此事，男合夥人說：「我再也受不了了。這件事我們已經談過，結束了。」女合夥人回說：「但我還是很受傷。」她的夥伴說：「我馬上收拾辦公桌，我走人。」

威脅走人是霸凌手法。威脅是這男合夥人使出的伎倆：「我提出離開的威脅好讓你閉嘴。現在你打算怎樣？」

如果情況任其惡化，女合夥人繼續抱怨，男合夥人的離去將使談判失控。與霸凌者談判，一定要清楚自己想維持的掌控程度。在家裡，先生與妻子對彼此權力都有某種認知，若一人想藉威脅拿到更多權力，另一人可能最好先退讓。「識時務者為俊傑」。記住，退讓一途決定你捲土重來的機會。與霸凌者爭執／談判，儘量依你的方式作出讓步。

若在職場，要理解造成現狀的各種成因。弄清導火線為何，選擇適當策略。明白運作因子，知道此刻舉動將影響未來互動。最親近的人，知道你最深。他們也曉得你的思考方式，意謂他們能預測你的思考方向，可立刻拿出有效對策。面對如此了解你的談判對手，更要三思而行。這種人擁有別人沒有的優勢。這更說

明你必須清楚霸凌者的思維與動機。

話說那個威脅走人的男合夥人表態後，女合夥人可能指他虛張聲勢，情勢更加緊張，因為男的現在真得走人要不就閉嘴。假如他說：「等一下，我是真的很投入這公司，我不會再讓你這麼痛苦。假如你真要我離開我會照辦，但我真的很想留下來。」女的會怎麼說？「好，請留下吧。」男的言行抬高了她的地位。當局面合適，堅持下去的代價又太高，即便霸凌者也可能願意讓步。

校園霸凌

校園霸凌涉及各個年齡層的學子，發展成因與成人不大一樣。大學以下的孩子心智成熟度不比上班族，常識也未累積到讓他／她有足夠的講理能力，那種能力與成熟度相輔相成。校園霸凌可能烙下一輩子的創傷。

蘇珊・碧妮（Susan Binnie）身兼多重角色：演說家，教練，協助女性寫作及分享其療癒，成長故事的作家。她描述女兒的校園遭遇：

她從四年級開始被霸凌。四年級時，她被班上同學找碴，說她沒用。其中有兩個女生特別欺負她，一個會說：「好喔，我會跟你同組，大家都安排好了。」另一個也保證如此。到了選組時間老師說：「大家都決定好夥伴沒？」這兩個女生就說：「我們一組。」凱特琳一人落單，還被她們嘲笑不已。

凱特琳始終遭到這種對待。放學後，她們會推她撞向置物櫃，辱罵取笑她。她們會把她推倒在地然後說：「大家看哪，看凱特琳做了什麼。看她怎麼跌倒的。」故意讓她承受眾人眼光。

我們做家長的跑到學校理論，提出她被欺凌的種種情況，校方說：「我們得跟對方家長談談。」後來我們發現其中一個女孩的媽媽是校方董事會一員，當然，他們就說：「一定是凱特琳造成這種種問題，一定是她自己的錯。」

凱特琳爸媽幫她轉學，而類似的霸凌再起：對方是個女生，她媽媽也在學校董事會。凱特琳離開校園，以在家自學方式完成高中學業。到我的網頁可觀看與碧妮訪談的完整內容：http://themasternegotiator.com/negotiating-with-a-bully

當你在校園談起某人，要當心那人是否經得起同儕壓力，必須想好應對策略。

想想孩子的發展階段及此時該有的表現，這說明了他們的舉止。儘可能找出孩子行為改變的時間點，由此挖掘出肇因事件，展開調整或討論孩子行為異常的努力。

重點在此：面對你要與之談判或對抗的霸凌者，務必先了解其心態。這些字眼——「談判」、「對抗」——帶有不同內涵，端視你們如何看待彼此。

查克・薩瑟蘭（Chuck Sutherland）回顧自己與霸凌者的交手經驗。他創設薩瑟蘭投資企業（Sutherland Investments），經營不動產建設、重新裝潢、擁有及管理，也提供商業不動產、自住及工業建物方面的諮商和盡職調查等服務。

我念高中時經常被霸凌，而一切是從小學就開始，幾乎都是同一批人。我從小到高中都名列前茅，因為我夠聰明也夠認真，所以成績很好。我們學校每科都依照成績分為四班，依序是A、B、C、D；我在A班，那些霸凌者幾乎都在C班跟D班。

直到今天，我仍不明白自己何以會成為霸凌目標。我自己有些猜測，但我想大家可能會說是因為我好欺負，因為我體格並不強壯，不擅長運動。

我高一時，有些孩子把我的書包整個扔出校車窗外。還有一次，校車壞了，司機下車去求援。車廂後面有一個備胎，那些孩子就過去把它傳過來撞我腦袋。那一刻我下車了。那裡四處荒涼，但我還是下了車，徒步走到可以借電話打給我爸的地方，請他過來載我。

我那段時期大概就採取這種策略。我爸給我一些建議，我接受了。他說：「你就去跟他們說你會痛扁他們一頓。在他們耳邊耳語：如果他們再招惹你，你就會痛揍他們。」我照辦，結果招來一頓好打。

到我的網頁可觀看與薩瑟蘭訪談的完整內容：http://themasternegotiator.com/negotiating-with-a-bully。這故事的教訓是：你要能夠支撐你的聲明及行動。談判時，一定要為可能的後果做好準備。

孩子霸凌孩子，老師霸凌孩子。而相較於高年級，老師比較會霸凌低年級。到了高年級，小孩真的會挺身對抗，挽回個人顏面。

當孩子在較低年級，父母要告訴孩子什麼是妥當的師生關係：「說到這個，孩子，這種情形沒出現在你們校園吧。」萬一有，這孩子就曉得應該告訴爸媽。

霸凌小孩的老師應該接受處置，但首先，孩子必須有能力判斷應該告知爸媽，爸媽才能去找老師對質。談判中，知道借力使力的方法與時機很重要，而首先，那來自洞見，再形成知識，進而轉化為行動。

霸凌也可能發生在大學。我有位同事選修一門課的教授非常嚴格，他再三強調他的課絕對不准遲到。若無法在他講課前就座，就不准進教室。他不容許任何干擾。

有一次，教授開講十五分鐘，我同事戴的一隻隱形眼鏡位移，非常疼痛。淚水滑下臉孔，她再也無法忍受，便起身走去洗手間拿下鏡片，鏡片掉到地上，被她一腳踩中，就此壽終正寢。等她缺著一邊鏡片回到教室，教授停止授課，說：「你違反我的規定。稍後你必須來跟我解釋。」

於是她去向教授說明離開原因，教授說她得另外寫一份違規報告。下次上課開始時（這當中他們有一次小考），教授說：「把你上次的小考分數告訴我。」當她告訴教授她拿個「A」，教授說：「好吧，這次我放過你。」

她覺得教授莫名找碴，其實那時他大可說一句：「我明白你的處境。」就讓事情過去。

你要了解霸凌者的作風。如果在屬於他的空間，就要面對他的規矩，或多或少得依這些規定與他交手。我同事原可開口要求離開教室的。當她沒有舉手就起身走掉，無疑挑戰了教授的威權。如果她有先取得允許，就把自己擺在不致遭受非難的位置，且意謂著「這是得折衷配合你規定的特殊狀況。請問我能暫且離開，好去處理這樁緊急事件嗎？」其實她的肢體語言已透過淚水做出表達。如果她沒有讓教授覺得權威受到威脅，他可能就點頭默許，自認仍掌控形勢，他的律法沒被破壞。

即便處於緊急態勢，你仍能想出一些假設狀況：如果這樣，就該那樣。知道這位教授為人，知道有一天隨便哪個學生都可能因為某種原因而違反他的律法，你可以設想：「如果發生在我身上，我會如何因應？」這就是為什麼我一直強調「你隨時都在談判」。你對未來可能發生的事態思考愈多，就愈能想出應對之策；等真正碰到時，就能依計處理。

另一個情況下，某女教授跟一男學生提出交換條件：跟她上床，就可拿高分。如果這男學生不想占這便宜，儘可嚴正拒絕然後告訴校方，但身為男性，他接受了這個甜頭及連帶附送的好成績。有時霸凌在當下看似有利，但你也必須考慮將來可能演成什麼光景（意思是，眼前彷彿不錯，明天恐怕反咬你一口）。

太陽系外行星天文學家莎拉・巴拉德（Sarah Ballard）爆料她在加州柏克萊

大學的導師傑夫．馬西（Geoff Marcy）對她性侵。說到此事對她的影響，巴拉德說她始終被罪惡感與恐懼包圍，深深體認自己的無助；她不知道自己是否真如馬西所說，（作學生時）允許他進一步接近她。隨著調查展開，更多人出面指控馬西性騷，最終馬西辭職並公開道歉。[1]

重點是，你隨時必須提防可能發生的事，尤其當你曉得你將面對什麼人。稍後我會談及霸凌造成的心理和情緒代價。

職場霸凌的財務代價

有些職場霸凌造成的傷害可用金錢衡量。也許受害者離職，也許他們向眼中的有力人士申訴，情況卻絲毫沒有改變。霸凌使他們筋疲力盡、不想上班，他們心神不寧，滿心挫敗，愈來愈常請假。我們知道，從公司角度來說，每次雇用新

人取代離職員工，訓練成本其實不低。

芮妮・湯普森（Renee Thompson）博士從事醫療單位霸凌事件的諮商。她說：

如果要將霸凌造成的傷害換算為金額，我常用的一個統計數字，就是檢視那對員工留任與單位利潤的影響。我們曉得，職場霸凌跟員工離職與生產力低下脫不了干係。人力替代成本，一人一年大約落在美金三萬到十萬；若是特殊護理師，更高達一年十四萬五千元。

兩年前有一項統計顯示，在上任半年內辭掉第一份工作的護理人員中，有六成是因無法忍受同事的惡劣行徑。[2]

舉例而言，某位常在手術室霸凌同事的醫師，其實就會產生成本。手術室是個密閉環境，面對惡劣舉止你無法逃離，這樣的霸凌醫師終將引發離職、曠工、士氣低落，使院方費用增加。過去院方總認為，這是一位帶來許多病患和收入的醫師，不見得曾認真檢討哪些成本是由霸凌引起。

二○○八年，醫院認證聯合委員會（the Joint Commission）*採用了一項針對不良行為的警報訊號。[3]儘管其設立目的是要遏止不當行徑，但直到今天，仍有許多醫療院所不知如何管理霸凌，害怕失去這些醫師所能帶來的收入。

醫界霸凌也導致人力成本。湯普森博士分享一則護理師的案例：

凌晨兩點，你負責的病患情況令你不安，你覺得必須通報醫師。一看班表，發現是老愛對護理師大呼小叫、讓他們自覺很笨的那位。你自語：「我可不要叫他，這個討厭鬼。」一位剛來的護理師恰好聽見，等他六個月後碰到同樣情況，也將做出同樣的決定。

基於病患考量，醫界必須要有不同方式處理霸凌。我們發現，當霸凌事件層出不窮，該院所的病患也容易發生各種問題。

* 譯注：美國評鑑機構JCAHO獨立組成之國際病人安全中心。

我的網頁可找到這段與湯普森博士訪談的完整內容：http://themasternegotiator.com/negotiating-with-a-bully

另一項成本涉及對病患的負面影響。艾倫・羅森斯坦（Alan Rosenstein）博士稱此為「不良事件」（adverse events）。[4]

> 不良事件是完全不該發生的可怕情形。這類可怕情況本來就不該發生，一般出現機率大約百分之一到二，而據我們的研究指出：因惡劣行徑造成的不良事件可高達百分之十五至二十。改善溝通則能有效加以預防。實際上醫院認證聯合委員會指出，七成不良事件可溯及溝通問題。
>
> 並非所有溝通問題都出於惡劣行徑，但確實有相當多是這個原因。所以，不良事件造成諸多成本，像是重新找人與設法留任、負起疏失責任等。

無論何種工作環境，霸凌成本也成了談判施力點之一，因為各級主管多得分攤公司盈虧，當你談到不當舉止所引發的成本時，通常就能擄獲他們的注意。

大學教授暨全職博士生兼阿什維爾護理師支持團體（Asheville Nurses Support Group）創辦人戴娜．戴維斯（Dana Davis），談起讓她辭掉一個護理師工作的霸凌環境。當時她受聘一家擁有四十多間初級醫療診所的機構。當中存在不少安全問題，像是沒有執照的員工在缺乏必要訓練之下提供這些醫療。她進去不久參加一次會議，席間坐著一位姿態懶散的無照員工，斜躺在椅子上肆無忌憚地猛打呵欠，對別人的發言不斷翻白眼。戴娜回憶：

> 當我留意到這情形，她忽然變得像個刺蝟，不是對我而是對她的同事。結果我不得不立即送她回家，因為她看上去簡直要動武。我想如果不這麼做場面就會失控，更將為此後情勢定調，因為我要負責管理三間診所。
>
> 結果我發現，這正是我上任之前整年的狀況。這些醫護助理跟無照員工彼此霸凌之外，也不放過醫生。這些人成天互相攻擊，全年如此。這是我在送那位女士回家途中聽到的。醫生們也都不敢怎樣。這種氣氛實在詭異。
>
> 當無照員工發生醫護疏失，我就拿掉他們的部分權力。如果他們沒讀完美國

國家醫學院（Institute of Medicine）出版的《人易犯錯》（*To Err is Human*），我不准他們給病患打針。有些醫生發出反彈：「不行，他們可以幫忙打針。」我堅持：「不可以，他們並不適任，除非我們把情況矯正過來。」

一兩個月後，高層和護理師行政部門開始不讓我參加會議，也不回我郵件。一堆人在背後說我壞話。我的反應跟一般人一樣，直接去問他們：「我做了什麼？我該如何調整？」他們總是回答：「喔，沒有，你做得很好。」「我聽到的不是這樣。大家對我不理不睬。以前對我超友善的人，也忽然變得不肯配合。」

我真不想告訴你他們對彼此多差勁。我下面一位二十多年經驗的醫護助理，人非常好，而她幾乎每兩天要哭一次。我不曉得他們有沒有辱罵她，但常看到他們當著她面大力甩門。他們指控她種族歧視，但那絕非事實。

那環境實在太可怕，我之前從沒碰過，而我在醫界已經待了二十三年。有位醫生告訴我，那環境的餘毒至今仍讓她心有餘悸，而她離開已幾乎兩年。那一年當中，至少走了四、五位醫生。簡直是前所未聞。那真是我待過最惡毒的地

> 方，我碰過非常難搞的醫師，但那些無照人員才真正可怕。一年後我辭職，後來聽說陸續補進來的幾位都很快走人。
>
> 我在那個職位的薪水將近八萬美元，我轉任大學老師一學期領三千六。杯水車薪，但我毫不在意。雖然這點錢簡直難以餬口，但我無法再多待一天，那個處境實在磨人。我還尋求心理諮商一段時間。

戴維斯原打算出面檢舉，後來打消念頭。律師坦白告訴她，這麼做將使她再也無法在這城市找到工作。與戴維斯對談的完整內容，可到我的網頁搜尋：http://themasternegotiator.com/negotiating-with-a-bully

無論何種工作環境，當管理階層不敢對員工怎樣，顯然後者遠比前者強勢。這種情況很少見，所以更顯稀罕。你若置身這種環境，要格外謹慎。在正常情況下會做的事，比方去跟管理階層報告一些問題，也許反而會讓你丟掉飯碗。你若碰到很糟的狀況，不妨建立聯盟，設法自管理層取得最有力的後盾，同時也從員工裡找到與你立場一致的代表們。

說到霸凌造成的代價，我提過人員流失、士氣低落、缺席曠工，以及對受害者的財務賠償。另一種則是法律成本，包括醫療疏失訴訟及勞資訴訟。因不當舉止失去職位的醫師，可能會訴請重返崗位。粗暴、處分、制裁，都可能產生法律成本。

企業面對這許多潛在成本，為何霸凌仍繼續存在？有一件事你務必想通：組織真正在意什麼，所以能容許某些行徑？就說那家忽視某醫師霸凌的醫院吧，高層之所以如此，是因為這名醫師為院方帶進可觀的收入。要對抗這個醫師，讓院方了解此風不可繼續，就要描繪出萬一公眾知道此事將衍生什麼代價：人們會把這醫生的行徑與院方連在一起，導致病患及醫療人員大量流失。院方名聲敗壞，民眾根本不想讓這醫院的醫生看病，於是其他醫生也將跟醫院劃清界線。

羅森斯坦博士確認這一點：「當醫院漠視霸凌，就會登上版面，上電視。員工不願來此工作，病人不想到此看病，院方招募不到新的醫護人員。」[5]

面對院方漠視醫生霸凌行徑，談判策略就是點出霸凌可能導致的種種惡果，提醒院方需有作為。你若想指出確切成本，由此切入以解決問題，不妨考慮借力使力。在任何環境與霸凌者談判，借力能讓你的努力錦上添花。你也可以串連勢力。

假設你暗中向媒體檢舉：「這家醫院有這種行徑，院方卻任其猖狂。」頓時，院方發現自己尷尬地成了焦點，可能影響收入，他們絕不樂見。現在他們準備積極處理醫師舉止的問題。要扭轉對方——霸凌者——的認知與行為，你必須強調出他將面對的財物損失。

如果你動員了有力勢力，對方卻不為所動，就準備祭出更強的火力。瞄準霸凌者的勢力，發出幾波攻擊；一波比一波洶湧。

你可暗示對方若不採取行動，則將面對更大壓力；但你絕對要備妥下個談判策略。強調霸凌者行徑所付出的財務成本。

霸凌的代價除了金錢，也可能涉及心理和情緒。就以之前發生在猶他州某醫

院急診室一則鬧得沸沸揚揚的事件為例，一位護理師遭一名警察逮捕，因為她不肯從昏迷的病患身上抽血。這名護理師請教上級有關院方抽血規定，她告訴警察她正與上級通話中，是上級指示她不能對昏迷患者抽血，但這警察堅持不管規定。他配戴的相機有錄下他將護理師戴上手銬拖出急診室的影片。此舉讓市政府最終賠償五十萬美元了事。[6]

設想你可能遭遇的狀況，你會如何面對。當護理師說她遵照醫院規定拒絕抽血，而那名警察顯然沒有妥善處置。

當雙方都自認照章行事，解決方法之一是請示上級。以那名護理師而言，她大可將電話交給警察，由警察直接與她上級溝通。如此一來，她不必親上火線，把問題交給警察與上級處理即可。後者不在場，警察也就沒人可銬，除非他還是不放過護理師。

而到底是誰買單賠錢？市民可能得多繳稅。警方此後處理事件，心態也不同以往。大消息會產生代價。今天某人霸凌般的行徑，迅速廣為百萬人知。回到猶他州急診室警察事件，能取得當時影片的護理師把它流傳出去，其他的護理師、醫生、大眾都有看到，如火燎原，急診部門的護理師人人自危，質疑警方處理類似事件的合理程序。醫院警衛沒有挺身阻止警察帶走護理師，跟警察一樣遭到各方抨擊，後者還被解除職務。

你可以想像警局局長、市議會、市長等人承受的壓力，誰都不想背負污名。你可將這個例子比為霸凌事件。告訴霸凌者：「你不想落到那種結局吧？」看他／她會不會縮手。

代價太高時，環境自會改變。與霸凌者談判，你就要提出適當代價來牽制對方。

www.powersolution.com的老闆大衛．戴迪恩（David Dadian）談起一位營運長的行為如何讓自己丟掉金飯碗。

> 我對某家客戶新營運長的第一印象是：這是個麻煩人物。我心想：「這是個玩火自焚的危險傢伙。他會惹火上身的。」會談中他愈加躁進，最後他問我們

對一項專案及解決方案的意見，我們說：「不建議做，理由如下。」

那營運長沒採納，逕自展開執行該方案的計畫，整個案子開始推行，我們告訴那位營運長：「我們不插手，這完全是你的案子，不關我們的事。你自己要負起全責。」不出所料，問題層出不窮。我公司則提供緊急協助，按次計費。

因為這營運長做出這些改變，他們整整少了兩週的生產時間，有將近七十名員工兩個禮拜什麼都不能做，他們的客戶很不高興。他們無法按時完成案子，就因這位老兄決定整個重來，用未曾經過測試的方法進行。結果不斷出包。

我把帳單（為協助修復這些問題的密集支援）寄去後，接到這營運長來電。他說：「我真不敢相信你竟有臉開這種價格。」我說：「不好意思！你讓我的人連續做了整整三天，我手下三名工程師日以繼夜不能闔眼。我很客氣了，本來應該兩萬美元的我只跟你報六千。我相信這絕對合理。」

「你得調整這數字。還有，你不修正態度的話，你們就保不住我這家客戶。」這營運長說。

當下我直接掛掉電話，去找我的服務部經理和業務副總：「請準備給這家公司的終止服務通知書。」他們呆呆望著我，我說：「立刻寄給他們。」他們照辦了。我說：「想威脅我，你找錯人了。」我把通知書寄給這家客戶，告訴他們：「你們有三十天時間，之後我們隨即撤銷提供服務，你們準備靠自己吧。」事情一發不可收拾。他們的執行長打電話給我，他們的顧問也打給我，要求我們繼續。我說：「很簡單，不是他走就我們走。如果你們不打算讓他走，我們就退出。」我們退出。不到三個月，那營運長也捲鋪蓋走人。

他絕對是個霸凌者。他確實做出威脅，但沒能貫徹。我不允許任何人威脅我，更別想威脅我的人、我的公司。我們終止了服務，我的商務開發總監難以置信我們竟放掉這麼大一家客戶，我說：「金錢事小，尊重我們專業事大。」

想看戴迪恩訪談的完整內容可到此網頁：http://themasternegotiator.com/negotiating-with-a-bully

另個場景，一名藥廠業務挺身抗衡霸凌者。尤蘭達・蘿伊斯特（Yolonda Royster）說明原委：

我為一家診所安排餐會，以便跟醫師和員工推銷產品。我要確保每個人都有得吃，也得謹守預算。那次我到時，診所經理——也是醫師娘——說我的預算與他們慣常有差；如果我想繼續回來跟他們餐會，就得提高預算。我說：「食物每次幾乎都有剩。有什麼問題嗎？」她說：「這跟我們的期待有差，如果你不照我們的意思，就別再來。」

當下我覺得受到霸凌。她想從我這裡榨取更多，超出我公司的規定。我解釋我的預算就是這樣；如果不夠，我就不再來。

我確實這麼做了。其實我自己可以安排預算。的確公司定有上限，但我可以自己調節。那間診所，我就準備給這麼多。以他們的態度與缺乏尊重，我決定不再回去。結果就是他們失去此後跟我餐會的契機。

想看蘿伊斯特訪談的完整內容，可到此網頁：http://themasternegotiator.com/negotiating-with-a-bully

情緒及心理代價

霸凌可留下深刻長遠的傷疤，阻礙情緒發展。許多受害者談及對人失去信心。本章稍早我提到派特森，他在家遭繼父霸凌，在學校也是。

> 那讓我很難與人打交道，我一直退縮，躲進書堆。我把時間都用來讀書、避開人群、打電玩、看電視，做盡一切逃避令人難過的日常。我這輩子都很退縮，如果不是躲在樹上，就是藏在灌木叢裡看書。我不大跟其他小孩往來，因為我很快就發現那不安全。我得置身別處以求自保，換言之，我無須為了自保而動粗。

我隨時都在提防誰要傷害我。商場上如此，情場上也是，搞得自己風聲鶴唳。這大概也是我會來教生存技巧的主要原因。我這輩子一直活在這種感覺裡。

雖然我有跟幾夥人來往，但主要還是跟當中一群混。碰到打架，這群人馬上加入，毫不猶豫；其他群則會儘量避免。這群好鬥夥伴起了一定的保護作用，我不用怕打架，他們會罩我。

而跟這夥人一起也不免嗑藥飲酒。我有了毒癮。二十一歲才終於覺醒。

現在派特森已婚，經營一家生存訓練公司。

碧妮，之前提過的年輕女孩，也充滿傷痕。她母親說：

她很怕處於社交場合，害怕成為霸凌目標，被說打小報告。她在家自學的一個主因，就是怕再度被盯上。那對她近四年的生活影響很大。不管打保齡球或任何課外活動，每當她跟某人交心，對方幾乎就轉而欺負她。她總是說：

「媽，我想我有問題，都是我的關係。」透過幾位心理學家，我們漸漸讓她建立一點自尊與自信，但仍很難信賴人，因為她怕一旦相信誰，那人就又要轉頭霸凌她。

我想，言詞縈繞更久，永遠不會離開。倘若你被稱作魯蛇、賤人、媽寶，那些名稱會在這個團體繚繞。除非你能卸除這些名稱帶來的恐懼，否則你永遠會被這些詞彙傷害。

我猜碧妮也不打算念大學。目前她在工作，交了些朋友，因為那是完全不一樣的世界。雖然只是兼差，但她從沒這麼投入過。我覺得她有心修些學分，但出於被嘲弄的擔憂，不知道她能否順利取得高中以上的學歷。

很令人難過，但她的精神狀況最重要，學歷或上學受高等教育次之。我猜那只會讓她再度面對初高中的噩夢，讓她再度經歷往事重來的恐懼。她很難信任人，因為她這麼容易交心，又這麼願意給人機會，第一次，第二次，第三次，而每次都會受挫退場。

凱特琳的情形很能說明某些女性如何霸凌他人。她們很多並不動粗，而是透過隱晦攻擊。這些女性往往長袖善舞，很會利用操縱、冷戰、排斥等傷人手法，可能會貶低朋友，帶頭踐踏對方自尊。當主導地位受到質疑，她們也許會專斷地以絕交進行威嚇。[3]

湯普森博士如此描述受到霸凌的護理師：

> 太多護理師告訴我他們上班途中感到身體不適，尤其當他們知道將要面對有霸凌行徑的同事。
>
> 這奪走他們投身護理的熱忱。選擇這條道路的人，初衷是想助人，想讓他人活得更好，但當你每天得跟你無法信任的同事相處，對方舉止違反專業並衝著你來，你會質疑當初這項選擇是否正確。
>
> 那會形成嚴重的心理壓力。很多護理師不僅承受著創傷後壓力症候群，有些甚至被壓垮到無法繼續工作。

我來分享一則案例。那次我主持一場兩個半小時的短課程，聽眾裡有位護理師，從頭到尾非常沉默且毫無表情，我開始有點擔心。我猜她也許不想在此，不認為需要在此，或因某事糾結而選擇抽離；我想她會單獨留下來。果然，大家走後就她一人還在。

她費了十分鐘才止住哭泣。她告訴我，當她剛成為護理師時曾遭受霸凌，長達一年左右。情況嚴重到她必須請調其他部門。因為太怕碰到那位女士，她完全不敢去咖啡間，總是自己帶便當。

我問：「這發生在多久之前？」五年前。而她至今仍備受折磨。我當然建議她向專業求助。像她這樣飽受創傷後壓力症候群之苦而無法工作的護理師，我就知道好多個。

唐娜．拉姆西（Dona Ramsey）身為老師，碰過許多霸凌督導。霸凌也讓每個督導承受代價。這些經歷使拉姆西感到羞辱，彷彿自己是小一學生。在第一份工作，她每次檢查信箱就看見校長留下的字條。

她責怪我沒做好她之前交代的事項，各種事情。她會走到我身後，細聲說些不堪入耳的話，恐嚇我若不照她要求會有怎樣的下場。每當我要幫小朋友上音樂課，她處處找碴。我是在四十多歲才從事教職，這校長的舉動讓我非常生氣，也更決心要成功。

那學年我把一切事件詳細記錄下來，有日期有時間。這筆記後來成為教師聯盟嚴懲她的證物，每件事情我都能講出日期時間。她被調去地區行政中心，最後離開了這個地區。

我第二個督導看不起我，要我隨身帶個計時器準時上下課，而且當著另一位老師的面說我，好像我是小二學生。我照辦了，想說她這下該滿意。她分給我一個小教室，沒有活動空間也擺不下樂器，根本就像個衣櫃，後來被幼稚園老師拿來當儲藏室。這空間在體育館下方，如果有人在上面打球，學生根本聽不到你講話。我覺得她是故意的。後來她在那學年因為精神疾病辭職。

第三次，我的校長關門告訴我，我將很樂於擔任一場學校表演的鋼琴師，排練為期三個月。我必須遵從，如果我洩漏有遭到脅迫，他會指控我說謊。這位上級還說：「隨便從街上抓個白癡都能來教音樂體育。」

這位校長後來被一位學生惹毛，拿課本砸這學生腦袋，被告上法庭，再也不得從事兒童相關事業。

另一次，這位督導覺得受我威脅，當時我已坐上州協會席位，頗受尊敬。我是女性，他很不滿女性能爬這麼高。好幾次他在他辦公室冷眼看我，門關著，威脅要我這樣那樣。而我只做我該做的，只要是對學生有益。

後來他被提名擔任州協會一個校長職缺，我是提名委員會一員。儘管我沒說什麼，但委員會主席見我神色有異，問我有什麼不對，我只說此人缺乏人際技巧。他的機會就此打住。

另一回，我碰到一個在某州級單位擔任志工的霸凌者，我直接卸下職務，不去忍受這種待遇。這讓那人進退兩難，因為少了我很難成事，但我不玩了，直

接走人。到今天我都覺得自己做得很對。那人一直找我，但我完全不想跟他們往來。夠了。我再也不必忍耐這些。

教職生涯有兩個階段特別無奈，先是還沒拿到終身任期的前三年。他們可用任何理由不續聘，所以大家都知道最初三年你得吞下一切。忍不下來恐怕就不得續聘，你就得換跑道另謀生路。處境艱困，你只能咬牙面對，全力以赴，不被打敗。

另一個無奈階段是在退休之前。我在全國性的教師培育中心執教八年，我所屬的學區扣我薪資作為懲罰，影響到我的退休金，而我完全無能為力。他們也不讓我拿我累積的病假或有薪假抵那些上課日，藉此壓低成本。執教末五年，我大概少領四萬五到五萬美元，也影響到能拿的退休金。

想看拉姆西訪談的完整內容可到此網頁：http://themasternegotiator.com/negotiating-with-a-bully

薩瑟蘭回顧自己遭霸凌的感受。「我覺得恥辱，憤怒，毫無價值。每次書本被那些人扔出窗外，我回到家就直接進房間大哭一場。」

薩瑟蘭如今從事不動產，也碰到霸凌，童年歷經的想法和感受再度浮現。

過去從沒走開，永遠連著大腦某處。說來也好玩，我對付那些人的方法沒變，但我現在根本不在乎他們想怎樣，我完全不跟這種人打交道。他們實際上輸了。就多數地區來說（也許除了東北地區、鉅額不動產交易、拉斯維加斯），這些霸凌者失掉更多，例如拿不到重劃案、融資無法通過。誰想貸款給一個混帳？

有些人就是不聽勸，那是他們的損失。假如我要幫一筆買賣貸款，我會先觀察他們的夥伴；如果當中有人傲慢惡劣專橫，我就不跟他們合作。假如今天我幫某人做地產開發諮商，對方有這種舉止，我就停止往來。

就我看，刻意霸凌別人的人非常惡劣，商場上尤其如此。有的霸凌者則先跟你甜言蜜語，最後卻捅你一刀。這些人無法得到同事敬重——至少在我這領域

是如此。在我居住的這個區域，生意建立在彼此關係上；如果你糟蹋別人，又怎能建立良好關係？

霸凌造成的結果不盡都不好。有YouTube「風格皇后」之稱的貝瑟妮・莫塔（Bethany Mota），就由於遭霸凌而成就一個王國。作為一個孤單的十三歲女孩，她從製作影片得到慰藉，主題圍繞著美麗、風格、自己動手做。她的頻道瀏覽數近十億，Aeropostale找她推出系列服飾，她上過《與星共舞》（*Dancing with the Stars*），出過一張流行樂個人專輯。[8]

莎拉・海蘭（Sarah Hyland）（《摩登家庭》〔*Modern Family*〕明星，Candies服飾創意總監）曾遭網路霸凌。海蘭曾受腎發育不良之苦，使她體重擺盪很大，很多人以此嘲弄她。她說：「不管你處於人生哪個階段，一定要以自己為傲。千萬別受他人的惡言影響。讓周圍充滿讓你有自信的人。」[9]

降低霸凌代價

職場上，老闆有優勢遏止霸凌。經理可以說你被開除了，或你若不改變就得走路。假設這霸凌者拿出自己的優勢：「我才是這兒的老大，你不是。我是老闆的外甥。」此時這個外甥在霸凌經理，儘管他位階較低。

經理告訴老闆：「你外甥四處欺負人。繼續下去，我們會因人員曠工產能下滑，失去潛在商機，而這都是他的行徑造成大家痛苦所致。我來向你稟報，希望你能處理。」

此時這經理占到優勢，但也可能有風險——萬一老闆說：「我可不管。他是我姊姊的兒子，他愛怎樣就怎樣。你別插手，否則你走路。」

有時你必須離開。霸凌造成的代價實在太大。做此決定之前，看你做過什麼樣的嘗試，獲得什麼樣的配合——尤其來自上級。如果就是無法改變現況，霸凌

依然，你就該離開這個環境。

派特森因被迫離家而停止遭受霸凌。「十七歲那年我被踢出家門，因為我在晚餐桌上捍衛我媽，繼父就說：『你馬上給我滾出我家，再也不准回來。』我媽站他那邊。我搬走了。我繼父開始虐待我弟妹們，他們過了好多年才告訴我。我那群夥伴跟我的生活型態，讓他們擔心我會因殺掉繼父而坐牢，所以弟妹都不敢跟我訴苦。我離家四年後，我媽也離開了他。」

很多人不願面對霸凌這個醜惡真相。假設你是下屬，希望挺身抗衡；你跑去找經理，結果他說：「我不相信有這種事，一定是你的想像。你曉得公司多需要他，他太重要。你能不能就算了？我們不希望有人找麻煩，為了公司大家得同心協力。假如你不放手，加薪、升遷都沒你的份。這事就別再提了。」

這就發生在某家電視台。一位名主播付了三千二百萬美金的封口費，之後遭到開除。[10]

霸凌老闆也將付出代價。假設一位老闆跟底下的人說：「你不能休假，這裡需要你。」他跟每個人都這樣講，直到有一天他臨時需要大家加班，全體員工說：「今天不行。這回不行。我們決定反抗。」在老闆最最需要之時，效果最大。她的權力沒了。員工們說：「我們不加班。你自己想辦法吧。」

假如員工說：「這次我們幫你。」就得承受老闆這樣想的風險：「這回沒事，下回也不會有事。」你得了解霸凌者的心態。不可屈服，給他壓力。萬一讓步，得明白可能後果。

有些人不容霸凌造成更多傷害，曾利用社群媒體等力量，引發社會關注。這是另一種形式的借力。吹哨可能得付出代價；影視圈韋恩斯坦事件，不答應韋恩斯坦性要求的女性就面對黑名單威脅。他是霸凌者，一些女性屈服了，但另一些走向警方，獲得支持，展開竊聽。若決心對抗霸凌且願付出代價，方法是有的。決定在你。

就韋恩斯坦的例子來說，其惡行始於很早，九〇年代便有人報案，持續至今。圈內人早知此事，卻無人出面揭發，總覺代價過高，還不是時候。

結論

對抗霸凌，別忘記代價。告訴對方，萬一你把其他人帶進來，他們將付出何種代價。這是威脅。「如果你這麼做，我就這麼做。」你也要了解，可起身對抗的時機決定於所處環境。留意周遭，拿捏如何表現自己的不好惹。

我強調了放任霸凌可能引發的經濟損失、心理代價、整體氛圍。我們談過，被霸凌者也許沒看到周遭有人打算制止霸凌，覺得被擊潰，孤立無援，得設法躲開對方。

遭到霸凌，你一定要讓對方知道你不會忍受，否則傷害將持續攀高。注意周遭動靜，知道何時該重新主導局面。

❖ 功課

找一位曾遭霸凌的人，了解他／她體驗過的感受。

第六章

別成為霸凌者的俎上之肉

金德拉站在護理站外面，瞧見神經外科醫生朝這兒走來。從他的表情可知他在發火。他高聲問道：「今天早上的生命跡象怎麼沒有輸進電腦？你們這些護理師沒把工作做好，我是要怎麼知道我的病人狀況怎樣？」當他逐步迫近，金德拉瞥見走廊上旁觀的兩名訪客及一位病患。

「瑞佐醫生，跟我進會議室來討論這個問題。」

「我不進去，除非你跟我解釋。」

「瑞佐醫生，你對生命跡象這件事很生氣，你的聲調嚇到病患跟他父母了。我想跟你到會議室解決這個問題。跟我走。」金德拉直接步入會議室，沒看身後。她聽見瑞佐醫生隨後進來把門帶上。

霸凌者周遭有誰？

面對霸凌者時，可善用周遭環境。就拿金德拉跟瑞佐醫師的例子來說，金德拉告訴後者他們應到另一個彼此能比較文明交談的環境，離開看好戲的旁觀者。另一方面，若醫師拒絕這個要求或沒跟進會議室，金德拉可能會面臨更大的麻煩。

注意金德拉說出他們應到會議室私下討論，馬上轉身背向醫師走向房間，肢體語言透露著：「跟我來。」她把後者帶離他較有權勢（或他自認較有權勢）之處，那個他自覺有掌控權、有觀眾之處。當金德拉改變環境，醫師刻意展現自己地位的觀者消失，他的重要自覺頓時被抽走，整體情勢為之一變。

另一個例子。《浮華世界》主編格雷頓．卡特（Graydon Carter）談起一次餐廳經歷。當時他經過製片韋恩斯坦的桌旁，同桌是一群年輕女星。韋恩斯坦把他叫住，抱怨卡特眼中沒他，說他要以即將推出的《Talk》雜誌擊敗卡特。兩人開

始爭執，韋恩斯坦說：「咱們到外頭解決。」卡特以為接著要打架。

到了外面，韋恩斯坦沒有出拳，卻現出他「著名的魅力攻勢」，大讚卡特的《浮華世界》，說自己希望《Talk》能達一半水準就好。說著說著韋恩斯坦伸手想拍他肩膀，卡特往後一退，開車離去。「回家途中我才想到，他在餐廳向我挑釁，不過是想在那些迷人的年輕妹妹面前作秀罷了。」[1]

所以，跟任何人談判都要注意周遭環境，面對霸凌者尤然。環境也許有利於他或你——就看當下你如何行動。加以改變，拿走對方握有的權勢。你可以說：「我們改天談。」藉此脫身，看他是否跟上。

就金德拉與瑞佐醫師的例子而言，瑞佐醫師有跟來，顯示金德拉藉轉換空間取得了優勢。把醫師從權勢座椅拉開，移到病患聽不到的地方，也使金德拉重新掌握局面。只要她想，她可以更為強勢。

談判環境如此重要的原因還有一個：掌握周遭情事者，也就掌握了談判。

你也許聽過醫界有所謂「藍色代碼」（Code Blue）一詞，意指病患心臟病嚴重發作。基於當前醫界極重視霸凌問題，遂有人提出「粉色代碼」（Code Pink）：若有霸凌者對某位護理師發飆，其他護理人員都會立即放下手邊工作跑來圍成一圈，瞪視那大聲咆哮者。藉由群眾旁觀，產生阻止之效。周遭環境改變，優勢將倒向護理師。

優勢移轉，也影響互動情勢。霸凌者自忖：「本來我跟你一對一談話，我一對一霸凌你。現在有這麼多人旁觀，看來都是站你那邊挺你的，對抗我的力量大增。我最好收手。局面對我不利。」

看霸凌者類型，「粉色代碼」也可能惹火上身。回到第五章猶他州因不肯抽血而被銬那位護理師，她是有支援系統：企圖與警察講理的上級，在現場的警衛，但那警衛沒在警察失控時出面。

若當時有更多人挺身告訴警察：「你不該這樣。」結局或許截然不同。若院方人員圍上來瞪著警察，勸他冷靜，也許他快要失控的情緒能拉回來。而他沒有，當下仍以為自己是掌權者。意外發生在忙碌異常的急診室，經過一番冗長對

談，當時醫護人員實在沒空放下手邊病患介入這場爭執。

再試想一下，若真出現任何上述建議，那警察有可能呼叫後援，情況會再度升高。所以我要強調：採取任何措施前，想好你失去掌控力的可能性。在「粉色代碼」行動，當眾護士擁上來包圍那受困醫師，也許更激起其戰鬥力，讓他想：「好，現在你們八個對我一個，算勢均力敵。我就讓你們瞧瞧我多厲害。」務必謹慎運用談判戰術，要拿捏對手心態，尤其當你面對的是一個霸凌者時。你得知道怎樣能讓他收手，哪些無效。眼見他毫不退卻，應趕快變換策略。

了解霸凌者

與霸凌者交鋒前，你要確實了解他的性格與特質。由此可預期他的可能戰術，洞悉背後策略，你也能判斷該採何種策略以達成目的。

有時你也許不知道對手是個霸凌者，因為首次會面看不出其本質。但你可以如此假設，事前準備好應付手法。如何辦到？你可以說明你預期的談判過程，討論各個階段及你對互動內涵的看法。如果談判時他抗議某件事情與他所想的出現落差，你可以提醒他雙方之前的相關對話。

隨著談判邁進，你掌握到的體會，逐步調整策略。一般來說，霸凌者準備升高情勢、逐步進逼前，是有跡可尋的。

書面同意書

在這霸凌者開始蠻橫前，最好事先留有書面證據，記錄你對彼此同意事項的理解。白紙黑字，必要時就可拿出佐證。如果你怕對方屆時變得很有攻擊性或使出霸凌，你甚至可要求他在同意書上簽名，屆時萬一他賴帳，這具名同意書應可產生約束，強化你的立場。但是，書面同意書不盡總能奏效，從以下故事可知。

一位好心人與一對街友有了交情，決定邀他們入住他那僅一間臥房的公寓。六月時，那對夫妻簽下同意書，上面記載每月應付租金多少錢。第一個月，他們付了低於那數字的金額，第二個月起，他們分毫未付，還開始埋怨這男子每天早上用廚房吵到睡在客廳的他們。經過五個月拿不到租金與多次爭執，男子要求這兩人搬走。他們卻說，現在這是他們家，他們不打算離開。

男子給先生下了最後通牒（太太並不知情），要他們在十一月某個星期六搬離。時間到後男子換了鎖，在友人協助下把他們的東西移到門外，當晚那對夫妻破門而入，重行搬回。男子告上法院要求下驅逐令，但沒成功，因為他並非房東，法律上站不住腳。最終男子搬去跟母親同住。這對夫妻繼續霸占公寓，九個多月沒繳房租，終於遭房東趕走。男子的一時好心，卻使自己成為僅侵權之道的霸凌者的犧牲者。

上例中的男子明顯敗下陣來。其他情況下，跟霸凌者對峙及談判結果可能沒那麼明顯。觀察你的行為對他產生什麼效果：在你做了、說了什麼或展現不同思維後，他有何反應。如果他改變立場，你就知道你的言行確實有讓他重新評估狀況。

PowerSolution.com的戴迪恩分享了一則故事，是關於某潛在客戶就書面文字爭論不休。戴迪恩跟一位同事西裝筆挺前去拜訪這位主角（姑且稱之為東尼），這位潛在客戶坐在桌子後面，桌上布滿垃圾，感覺像是走進囤積者的家。東尼態度強硬，有點年紀，跟他們握手時甚至沒站起來，也沒拿椅子給他們坐。簡報時，東尼不時皺眉，偶爾流露一絲興趣。

介紹完公司服務，戴迪恩問東尼可有問題，並給他一份載有詳細條款的合約書。東尼邊翻閱邊說：「我問你，假如我不喜歡你們的服務，大可隨時開除你們，我不懂這些條款有什麼意義，你要我在上面簽名？」

戴迪恩回答：「這文件有雙重作用。如果你仔細看過這些條款就會了解，我們也有權開除你。你憑什麼認為我們不能開除你呢？」這讓東尼吃了一驚，他沒想到會遇此反擊。戴迪恩並且語氣略強。

大約過了一分鐘，東尼態度轉變。他覺得戴迪恩旗鼓相當，不是來廢話的。敬意油然而生。

東尼似乎屬於那種頗厭煩業務員、做推銷簡報的人。戴迪恩跟他說：「聽著，東尼，我成立我的公司就像你創立你的公司一樣——白手起家。我是個老闆，就跟你一樣。我來這裡不是來向你推銷。是你要我來說明我們能如何幫助你的生意，那就是我今天來的目的。我有跟你要求什麼嗎？」

「沒有。」東尼回答。

戴迪恩再問：「那你怎麼翻了這些條款後，就只挑中止條款，說你能隨時開除我們？」

「我碰過太多像你這樣的人。」東尼說。

戴迪恩回應：「不對，別把我跟他們歸為一類，別一竿子打翻一船人。你碰過其他人來，一心想哄你下單。你八成也像今天這樣對待他們，沒讓他們得手。」

「沒錯。」

「我並非來推銷東西。我來，是根據你的要求，解說我們可以提供什麼解決方案，之後由你決定。我不過舉手之勞，要不要全權在你。也許我們的價格、表現或其他事情，並不符合你的期待。」

戴迪恩觀察到東尼的明顯改變，更加坦然，更多笑容。只是過了一年他仍沒決定採用戴迪恩的服務。

戴迪恩訪談的完整內容可到此網頁搜尋：http://themasternegotiator.com/negotiating-with-a-bully

面對權勢的當場回應

幾年前，我以演講人身分加入某間組織。他們問我能否幫忙做課程結束後的現場銷售，我說沒問題，我向來樂於提供支援，此外，公司說演講人享有額外折

扣可用，這是業務團隊所沒有的。

當我跟一些聽眾談著課程材料時，碰上一個搞不清狀況、自以為是業務頭子的人。我開出更多折扣時，這人突然說：「你不能這樣。」當下他自己也正在跟一個人推銷課程。我看著他說：「不好意思？」他說：「你不能給那樣的折扣。」我盯著他，說：「你為什麼這樣講？」他說：「不行就是不行，公司不允許。」我說：「那你不用擔心。」他從他眼前那名潛在顧客轉向我，說：「公司不准這樣。」

這些潛在顧客站在那兒互相張望，瞧我們這兩人究竟怎麼回事。我也轉身面對他，朝他邁進一步：「我們等會兒再討論。」我語氣堅定，配上拉近距離的身體語言。他說：「好。」回頭重新照顧客人。

我知道我的講話方式跟肢體語言，影響了他對自己所言的想法。各自處理好手邊顧客之後，我們離開銷售現場，我對他說：「第一，你永遠別在任何人面前那樣對我說話。你不知道我是誰，你不曉得我有什麼權力，你憑什麼以為你能叫我能不能怎樣，尤其在顧客面前？」他結巴了：「唔，我以為，我以為……」

當我意識到他想霸凌我，立刻把他推回原位，要他明白絕對不可重蹈覆轍。他知道如果再試，後果難以設想。我觀察他在這番對談後的舉止，屈服而順從。從此你即可得知，你的回應對霸凌者產生何種效果。

假設你原想讓霸凌者冷靜，他聽了之後攻勢卻更猛。拿金德拉與瑞佐醫師的例子說，若金德拉這樣回應瑞佐醫師的咆哮：「醫師，你說得沒錯。」那將助長他未來繼續猖狂的氣焰，迫使她明白自己無法阻止他。當你祭出一招，觀察後續回應，以評估其有效程度。

通常有些辦法可減輕霸凌者對你的輕慢。例如你已連續遭其反駁，對方仍不罷手，此時你可借力使力，像是運用「粉色代碼」：藉著其他人的在場，消滅霸凌者氣焰。

以醫院來說，醫院認證聯合委員會訂出對侵擾行徑零容忍制度，教育眾人確切意含，若違反規定會有什麼後果。如果是醫師，可能就喪失在該院所照顧病人的權力。

侵擾行為在醫界有特定意含，包括凌虐性的語言、驕慢自大的舉止、公然侮辱、當眾批判、咆哮怒吼；怠慢職責也在其列，亦即需要時沒有現身，或不遵守規定。除了口頭糟蹋，也要了解哪些行為令人恐懼；這類行徑足以令人無法正常工作，危及病患照護及患者安全。[2]

升高情勢

若無法壓制霸凌者氣焰，你或許可考慮升高情勢，但要謹慎為之。你可稍微抬高聲量表示怒氣，看霸凌者有何反應。如果他也提高語調，你可朝他跨進一步；如果他也往前邁進，意謂著：「沒這麼簡單，在這裡我可不會退讓。」此時你該收手離開。

仔細判斷對方是否為霸凌者。有權有勢者不見得都是。若某人只是過於強勢，你的對應手法就有不同，你可以只這麼說：「我覺得你的言行太過逼人。」

對方說：「抱歉，那不是我的本意。」隨即改變態度。霸凌者則會說：「是嗎，那又怎樣？」由此反應你便知眼前是哪種人。一旦從對方言行嗅出差異，確定眼前是何種角色，就調整自己的對應方式。

確認了對方並非霸凌者，你可善用這點取得優勢。若對方好商量，不妨試著使他讓步；這是在你指他太過逼人之前所不易達到的。看看對方做何反應。比較好商量的可能就答應了，因為此刻他想以行動證明他剛才所言（「那不是我的本意」）。他實際的意思是：「我講的是一回事，但我會用行動表現我絕對不是隨便說說。我願意讓步。」

你也許也想試試霸凌者，看要求讓步會讓他變成怎樣。

「我為什麼要讓步？」霸凌者可能有此回應。

你可以說：「因為那有助達成我們的協商目的。」

注意了：提問的一方，就是掌握局面的一方。若霸凌者想知道這怎麼會有正面效益，你要設法扭轉其心態。把提問權拿過來，好控制談判。這番對話可以

如下：

你：「你不認為嗎？」

霸凌者：「我不認為。」

你：「為什麼你不認為呢？」

霸凌者：「那根本是鬼扯。」

你：「你為什麼認為這是鬼扯？」

霸凌者：「這明明對你比較有利。」

你：「怎麼說？」

霸凌者：「你看你提議的……」

僅僅透過提問，你就能探知霸凌者更多想法，讓你握有更多掌控權。與霸凌者進行任何協商都可用上這招。你可瞧瞧川普總統如何霸凌所有人，除了俄國的普丁總統，他完全不會跟普丁對立，為什麼？因為普丁握有好牌。只要你有對付霸凌者的好牌，就能讓他縮手。

注意升高狀況

捕捉線索，從對手的姿態、談判立場、遣詞用字，判斷能否預防情勢升高到無法溝通、難再討論。觀察他發言時的身體語言。比方說，若他用食指和大拇指摸著下巴，表示他陷入沉思。如果他握拳垂手：顯示對討論的投入程度。若摸著胸口：展現真誠。翻白眼：表示懷疑。張著嘴：可能是驚異。

透過這些訊號洞悉對手意圖，由他的肢體語言判斷自己是否置身險境。若他握起拳頭兩手下垂，離他遠點；或者，你也可以坦然後退，再靜觀其變。

藉由適當回應，可以防止對手侵略。細察對方行動，你會知道該採何種預防措施。

霸凌者握拳朝上，你也可以握拳朝上。你們都在表示：「我要升高戰力，隨時就緒。」如果你認為你的立場夠強，足以防止他升高態勢，你就能掌握局面。當你握拳，雙手垂在身旁，不妨朝他跨進一步，意謂：「我踏入你的領域。我一

點也不怕你。」

見他握緊拳頭，你的防堵態勢升高之道可以只是說：「我想此時不宜繼續協商。我們另找時間。」如此一來，你可預防情勢升高到自己進退兩難。

拳頭緊握，雙手垂於兩旁，這個肢體語言表示他正逐步失去講理能力，任由情緒主宰。他可能只想捍衛利益，言詞、肢體都愈來愈激烈。你不會想跟這種心態的人談判。離開現場最好，才不會在飽受威脅的情況下倉促協議，損害自己利益。

如果你認為情況不會不妥，放聲大笑也是改變情勢的辦法。笑是有傳染性的，他可能跟著笑起來。你就此調整了談判氣氛，預防局面由不愉快轉壞。

留意情勢開始緊張的語言。霸凌者可能會說：「我不認為。」一邊對你咆哮。沒那麼強烈的話，也許是：「不可能」、「這是我能開出的最好條件了」。霸凌者可能想演出很有誠意，但你可以觀其行。假如他說：「這是我能開出的最好條件。」再釋出大大的微笑，那是與其話語衝突的身體語言。分析他的言談，理解那些詞句對他是什麼意義。在某些環境，以強烈語氣談判或許只是風俗習慣。

你不只要理解他的風俗，這份理解也能助你解讀他的心態。聽他講話，你將明白他是在升高情勢還是在降溫。摸清那些字句對他是什麼意義。如果我告訴你：「我們達成協議。」我真是說我們達成了協議嗎？還是我說的是：根據我們最新的討論我們達成了協議，而不是根據你之前提出的條件？

追問下去，釐清協議的真義，確認你的理解無誤。「你可以解釋那究竟意謂什麼嗎？」聽他說明他的定義，弄懂他是怎麼看他剛才的發言，你就知道：你一直以為代表「Y」的某些字眼，在他則意謂著「X」。

瞄準弱者

與霸凌者談判的最好時機：當他最弱、你最強時。想想那些強迫他人做他們

不該做、不願做的事情的權勢者。就在撰寫此書之際，全美掀起一股風潮，各地女性挺身站出，控訴權勢者對她們的性侵害。有的控訴者不畏曝光，有些則隱姓埋名。有的道出陳年往事，有的揭發目前罪行。

舉例，有六名女性自訴遭佛羅里達州參議員傑克．拉特瓦拉（Jack Latvala）性侵，這位共和黨員被迫下台，直到釐清真相。「只要拉特瓦拉握有八百三十億美元預算控制權，受害者就不敢挺身而出。」蒂芬妮．克魯茲（Tiffany Cruz）說。這位來自塔拉哈西（Tallahassee）*的律師，是參議院某位匿名員工的代表。[2]

克魯茲寫信給眾議院院長李察．柯克蘭（Richard Corcoran），指控拉特瓦拉之子——眾議員克里斯．拉特瓦拉（Chris Latvala）——與朋友、也是眾議員的凱特琳．彼得斯（Kathleen Peters），在社群媒體抨擊這些女性對其父的控訴，意圖恫嚇。克魯茲說：

許多女性隱姓埋名，正出於對自身安全的合理恐懼，害怕遭到掠奪者的報復。這兩人不鼓舞遭受性侵之受害者挺身而出——無論匿名與否，反而在各個社群媒體大肆譴責。這種行為根本意在恫嚇，完全無關公眾利益。[3]

對於塔拉哈西受害女性何以都選擇匿名起訴，民主黨參議員蘿倫．布克（Lauren Book）自有觀點。「這是一個男性主宰、存在已久的環境；那些當權者，同時也坐擁高位非常久。太多女性害怕萬一露面，生計與名聲將嚴重受到影響。」[4]

打響第一槍的受害者可能激起眾人相繼挺身，使力量傾斜，霸凌者從高位跌至狼狽。受害者的勢力來自周遭相挺的後援；相對地，受害者也可能繼續隱忍，因為旁人跟她說：「別說出去，你會丟掉飯碗。」正如克魯茲講的：「這些女性出面指控，完全沒有任何政治動機。拉特瓦拉坐擁佛州政府高位，非常富有，政治勢力可觀，而受害者沒有。會遭詆毀迫害的，只有這些受害者。」塔拉哈西許

＊譯注：佛羅里達州州府。

多市民說，他們相信當前還有不少官員也造成另外許多受害者。[5]

拉特瓦拉參議員面臨貪污調查或開除考量，黯然辭職。[6]

衝擊影視圈、政壇、高科技業等領域的醜聞風雲，也許是終止這類行徑的分水嶺。媒體留意到，在數十個強暴或性騷擾的控訴案中，只有幾名屬於有色種族。黑人、亞裔美國人、移民女性，往往沉默以對。羅格斯大學（Rotgers University）歷史學者黛博拉・葛雷・懷特（Deborah Gray White）指出在奴役時期，黑人女性沒有身體自主權，白人用種族歧視的刻板印象合理化自己的虐待行徑。黑人女性被視為放蕩不貞，人盡可夫。於是她們幾乎無以證明受到性剝削，許多乾脆以沉默自保。[7]

KANB-WIN——芝加哥家庭暴力與性侵防治組織——教育督導安娜・班恩（Anna Bang）說，亞洲文化強調不應讓父母擔心，家醜不可外揚。而根據西北大學人種誌學者莫妮卡・羅素・羅德里格斯（Monica Russel y Rodriquez）研究，大家對拉丁美洲裔也有個性順從、性開放的刻板印象。沒有身分的婦女躲藏都來不及，更不可能通報受害。[8]

年輕女孩也可能是性侵目標。阿拉巴馬州共和黨參議員候選人羅伊・摩爾（Roy Moore）遭到指控，稱他於三十二歲當地方律師時，找多名青少女性交，年紀最小者僅十四歲。摩爾否認，或稱都是政治算計。[9]摩爾後來敗選。受害者觀望出面時機，定要等候至對己最有利、霸凌者最不利之時；若想祭出轉向手法，最好蒐集更多資訊。

時機

談判時機太重要了。我要借用我歷經多次的購車例子。首先，我會儘可能找齊背景資料，包括製造商成本、代理商願意給的各種條件。我會找出他們做活動的時間點、肯提供多少折扣、何時又會出其不意亮出更優車款以便賺到更多。

功課做足，我便靜待他們最弱、最不堪一擊的時刻：月底，配額必須做到。利用這段時間的等待，我讓自己以救星姿態出現。「我拋救生圈給你，但你得拿出讓我滿意的條件。」

時機所以重要，因為那也足以動搖對方，讓他明白彈藥無多。假設談判對手知道自己必須做成買賣，否則不是丟掉飯碗，就是跑了一條大魚。時間分秒過去，他願意讓步，只求保住工作。

任何談判，都要時刻察覺時機問題；不同的時間點，將使某人更弱或更強。

視覺提示

視覺提示讓人判定對手有多強。

舉例，某女士的丈夫有權享用公司車，並可在一定範圍內自己選車。老公做決定前，太太想先到鄰近的經銷商試乘。當時孩子仍在襁褓中，她匆匆更衣便抱著兒子出門，褲子裡外反穿，發現時已太遲。賣車業務員看這女人衣著隨意，抱著嬰孩，沒想理她。見她流連不去，只好過去招呼。女士說：「我先生想跟你們買公司車，我是來挑車型的。」業務態度就此一百八十度大轉。

我自己曾故意穿得隨意踏進賓士代理商。我不想讓對方看出我有不少錢，以免他想：「我多報一萬美元，搞不好能得手。」起心動念談判前，一定要知道自己打算要什麼。

知道談判目標

我記得有回接到一通電話，對方想找人過去做簡報，主講談判技巧、策略、如何判讀肢體語言。當我想進一步了解對方需求，這番對話進行如下：

來電者：「我不知道。我只負責問到費用成本。」

我：「這不是成本，這是投資。」

來電者：「我只負責問到成本。」

我：「你們希望這人講多久？」

來電者：「我不知道。我只負責問到成本。」

我：「聽眾會有多少人？」

來電者：「我不確定，我只……」

我要講的是，這人代表公司某人來談判。背後那人交代這人問到成本，彷彿那是這人要檢驗的唯一要素。他們不管好的演說者跟一般演說者之差、主題演說者跟泛泛演說者之別，而這些才是重點。你要了解誰代表你出席談判。否則，若面對的是個霸凌者，你可能會錯失不少成功元素。

談判者強弱

假設你要決定派誰對付霸凌者。你知道這霸凌者會使用霸凌手法對付你的團隊，你可考慮在這第一階段先派一名較弱或較強的談判員上場，於是你可見到霸凌對手應付弱手或強手的手法。你可據此微調你這方的談判立場。

你要隨時謹記你是與誰談判、對方什麼心態，自己必須持有正確心態。根據環境定義出正確心態非常重要；你不僅時時在談判，對於下個階段，你也能造成影響。

我知道有些日子你醒來時覺得特別軟弱疲乏，有些日子則分外自信有活力。當你預期談判對手比你強，心態會影響結果。如果你醒來就想著對手更強，那將成為你的事實。你的觀點是：「這個狀況下我沒那麼強。」這念頭會在談判中發揮作用。是，也許你沒霸凌者那麼強，但有此認知，你可以事先找好強化自我的

資源，擺出強勢姿態。此外，當你心存處於弱勢的念頭，你該檢視會有這種感覺的原因。

你在談判前、談判時的心態，將為你的談判表現定調。那會影響你使用的策略、做出的讓步、被對手逼進的程度。要避免這些情形發生，就要先預測談判可能狀況、對手會霸凌到哪種程度；然後你設法備妥資源，需要時隨時拿出，證明你沒表面看來那麼弱。

你投射出來的形象也很重要。如果你擺出「我很厲害」的姿態，即便實際並非如此，也能成為你的真實狀態。善用身體語言，像是把手擺在臀部站著，這傳達出你不會隨霸凌者的意志而行。你的肢體語言表示：「我絕對貫徹意志，不會任你擺布。放馬過來吧。」

你外顯的態度，揭示你本有的態度。若沒顯出氣勢，霸凌者八成會對你予取予求。

川普總統不會對普丁總統怎樣，但對其他國家領袖就毫不客氣，總擺出他很了不起，很棒，他會「讓美國再度偉大」的姿態，而他就是不會對普丁怎樣。聽其言，更要觀其行；從舉止可洞悉對手心態。

要表達強勢，注意你的用詞：「我不答應」相對於「也許我會」，「這不可能」跟「這也許有機會」的差別。

留意你講話的聲調轉折。「這不可能」要比「噢，也許這行得通」更具說服力。

肢體語言

若某人說：「也許我們可以這麼做」一邊摩挲大腿，留神了。他不僅不甚確定自己在講什麼，還試著安撫自己，更彰顯出他的不確定。那也意謂：如果當下你稍加霸凌，效果會十分顯著。傾聽對方的措辭與表達：「也許我們有機會」相較於肯定的「不，那不可能」；也觀察他講話時自我安撫的身體語言。

聆聽霸凌者的語氣，觀察其措辭跟身體語言是否協調。舉例，假如他說：「我在這場談判會打扁你。」同時後退一步；其實他是說：「我不會打扁你，或如果要也會保持一點距離。」表示他不會太快升高態勢。

這些言外線索透露出真正的想法，好好觀察他的身體語言。如果他對你大聲咆哮邊靠過來：「你他X的接受這條件，否則我走人。」留意他的手；此時他可能把右手食指及大拇指壓在左手上。那手勢意謂著確實如此。

對手做出這類聲明時，從其肢體語言可了解他說這些話有多認真。

再談談其他安撫姿態。他的口氣稍微不同：「你最好接受這條件，不然我要離開了。」此時他沒把食指跟大拇指併在一起，而是來回摸著手。這個姿態意謂：「我想你確實會接受，因為你相信我是認真的。」摸著手透露出期盼。

再看另一個情形。他說著同樣的話，但這回是扭著手而非撫摸。這表示：「我可能是在唬你，探探反應。如果你起身走人，我應該會設法把你拉回談判桌。」

看這霸凌者如何以不同語氣跟肢體語言搭配同樣的言詞，那些姿態各有不同意義。如果你是談判好手，你能從中窺見那些話的真實性，以及他可能採取的下一步。

注意霸凌者的姿態和行動。他屬於觀望中的軟底霸凌者嗎（意思是：他只在測試風向）？還是貨真價實的霸凌者，因你不肯讓步而大為光火，不想跟你談判？若他是後者，且又展露出我講過的肢體語言，你就知道他可能是基於什麼而不想跟你談判。

你們若面對面，注意他的雙腳是否正面與你相對，那表示「我仍專注於此」。若是一腳朝向別處，表示「我要退出這番對談，我要退出這場談判，我要離開了。」若他要霸凌你，卻一腳朝向別的地方，那意謂他沒有真的那麼想要霸凌你。

肢體語言是口語的一部分，因為能傳遞更多意含。我在第三章談到微表情：那種種流露出態度、情緒及思維的信號。如果你在談判時能捕捉霸凌者的微表

情，就能瞥見他心裡在想什麼。如果霸凌者說：「要嘛接受，要嘛拉倒。」邊對你笑，相對於面露不屑，這是個混淆的訊息。

不屑是一邊唇角往上掀，相當於說：「要不就同意，要不就拉倒。」扭曲著臉則表示：「我不喜歡你。要嘛接受要嘛拉倒。我想趕快結束。我受夠了你。你耗盡我的耐性，我要照我意思做。」結果你起身離開桌子說：「那就拉倒吧。」剎那間，霸凌者嘴巴因驚訝而往下張開。你知道這人愣住了。他並不希望你撤。

霸凌者說：「我要踹你。」你朝他跨近一步。留意他的雙眼。如果他睜大眼，就表示他對你竟敢走向他感到意外。他可能往後退，透露恐慌，意謂他想藉此讓你收手，他發現高估了自己，想看你會做何反應。

你若能在談判中捕捉這一切，就更有談判的把握。你也能即時看出你準備的談判策略是否奏效。你用特定方式做出回應，那正是你原本的盤算；效果如何，對手每個微表情立刻給出答案。

心理戰術

有時我們下意識運用戰術，卻渾然不覺自己在這麼做。舉例，你也許會裝弱或扮強，就看情況所需。

川普總統顧問卡特．佩奇（Carter Page），因俄國涉入美國大選接受調查。政府刻意與他切割，削弱他的重要性。

佩奇採用的策略之一就是謹慎作答，他的證詞總是撲朔迷離。他對所有提問大概都這麼回答：「我真的無法提供真實答案，我怕萬一我有忘掉什麼而你們後來發現，就要說我在撒謊。」[10]佩奇是狡猾還是聰明？跟他交手的人，必須考量這點。但佩奇舉止又相當順從，令人很難相信他能在官方坐到這麼高的職位。走筆至此，他尚未遭到起訴。

你可以裝弱裝強，也可以故意顯得邋遢，這一切面具都可以作為有效的心理

戰術。

有一年耶誕期間，我的車停在紅燈前，一輛巴士正要轉彎。司機顯然有看到我，但他卻要我後退靠邊好為他騰出足夠空間。他靠我車子非常近，我搖下車窗正要表示不滿，他也搖下車窗，喊著「耶誕快樂！」臉上大大的笑容，當即改變我整個態度，澆熄了我的怒火。

無論面對霸凌者或任何人，這些都是你能善用的心理戰術。而當對方是霸凌者時，你則要格外留意他的反應。若他覺得你是在公然羞辱他，他可能立即升高態勢：「你認為這很好玩嗎？我讓你看看什麼叫好玩。」或是「好，你以為你在上回合談判有占到上風？我讓你瞧瞧這回合是什麼光景。」

留意你的行為與霸凌對手的反應。心理戰術是很有用的工具。你應該妥善規劃，在談判中充分發揮。

打破循環

霸凌循環不止，受害者永遠都是標靶。家庭暴力就是最明顯的例子。舉例，一男子喝多了就變得火爆，毆打伴侶；清醒後非常後悔，保證絕不再犯；而壓力再起，他又喝，又打她，重複循環。等這女人能遠離這霸凌者，循環結束。

大學兄弟會文化的欺凌新生也是霸凌。多起男生死亡事件引發關注，認為這種危險風氣必須改變。死亡當中以血中酒精濃度過高為主，但也涉及其他，像是姊妹會的種族歧視、反猶太的玩笑、高年級生持續奚落新生。校方通常以吊銷社團許可證作為處置，但真正的改變必須來自態度——當大家不再容許這類行徑時。

緬因州立大學的伊莉莎白．艾倫（Elizabeth Allen）教授說：「要改變文化，建立與執行某些規定只能達到某種效果……管理階層、學生組織、任何挺身而出的有為之士所展現的領導，才能造就真正的影響。」[11]

在美國，自認遭到性騷擾的女性，可向美國就業機會均等委員會（U.S. Equal Employment Opportunity Commission，簡稱EEOC）申訴。該會佛州坦帕市（Tampa）分會提供一例：某倉庫員工四處張貼清涼的女子海報，引發部分員工不滿，即可視為一種性騷擾。EEOC網站接受受害者上網申訴，搜查該職場是否確有一再發生、不當要求之性騷事件。公司不得消極因應，需積極採取預防措施，若員工踩線，要明確處置。坦率談論，呈報違規，是改變這類職場文化的唯一出路。[12]

這樣的零容忍，對其他想任意而行的人送出警訊。羅森斯坦博士協助醫療機構解決霸凌問題。他指出能根絕這類行徑的要素：機構本身、文化、領導力、中層管理、基層管理、所有員工都必須理解此事之重要，承諾共同努力。這點非常重要。[13]

你必須發揮領導力，提出方案，大力支持；鼓舞行事正確者，違規者絕不寬貸。藉由文化及領導顯示組織的承諾之外，也要不斷宣導此事如此重要之原因。

典型霸凌醫師根本就知道自己總在咆哮，而他們就是這樣，事情一過馬上拋在腦後，繼續我行我素，必要時會說對不起。但他們看不見：當你持續四十次，沒人想再與你共事。

實際上，那還會導致某些員工乾脆保持距離，見到這醫師做錯事也不管，病患有需要也不找他處理。

第一個要做的調整是文化承諾，第二則是提高眾人意識，了解這是影響何等深遠的議題，尤其對員工溝通與病患照護而言。讓病患安然康復人人有責，只是員工沒看到那當中的一脈相連。

第三是提供教育。有些屬於一般性質，包括病患安全及不良事件（adverse events）；更多則是多元訓練、敏感意識訓練、衝突管理、自我肯定訓練、團隊合作、溝通工具等。目的在提升病患照護品質。與其縱容鬥爭式的溝通（「混蛋！你根本沒資格這樣做。你想幹嘛？再犯你試試看！」），醫療團隊要全力防堵這類情事發生。[14]

無論與什麼人談判——包括霸凌者，你都要有正確心態，那可帶你走上與其交手的正確道路。如果心態沒調整好，霸凌者就會占住上風。

正確心態乃視情況而定，你要先盤算要投射出何種形象。若霸凌者瞧不起弱者，你就不要做出示弱舉動。若他比較隨和或順從強者，你就儘量表現出最強最好的一面，令他視你為可敬對手。

霸凌者不去惹比自己強的人，他們不想公然遭到羞辱。你也要想好能找到哪些後盾。「粉色代碼」就為霸凌者帶來不易擊破的挑戰。擁有後援，就能抑止霸凌者發動攻擊。

結論

面對霸凌者，你要分辨他只是高度掌控還是行霸凌之實。有些人不認為自己在霸凌他人，他們可能就是喜歡控制局面，必要時就採侵略性姿態。兩種立場的心態並不一樣。

弄清楚霸凌對手的屬性，即便首次會面（此後亦然），你都要仔細評估對方特質、態度、性格。根據這些線索，你就能擬定最妥善的談判策略。

挑選最好的談判環境。霸凌者可能因為資源唾手可得，或現場坐著他想討好的人，表現特別強勢，顯得比平常自大。若是這樣，設法帶他離開這個地方；無論是真的離開，還是心理層面略施小技。這麼一來，你就能削弱他的心理優勢，奪其先聲（原因：氣勢來自認知）。

如果一對一行不通，設法藉後援之力。看情況，能找到霸凌者尊敬的人先代你出面最好。絕不要讓霸凌者摸清你的口袋究竟有多深。

你要準備第二波、第三波，甚至第四波出擊，一波力道勝過一波。為求最大效果，每一波出手時機，都要選在霸凌者自以為已擊潰你之時。正常來說，你終將耗盡他的力氣，取得勝利。但要小心有的霸凌者，儘管面對龐大勢力、磨人談

判，卻怎樣就是不肯低頭；你可能碰上了情願粉身碎骨也不讓你贏得任何勝利的霸凌者。

為避免做出過多讓步，你要先設好退場點，提醒你何時該退出談判。記住：陷於談判愈久，你愈可能做出不利於己的讓步。那是基於想見到終點的心理渴望，卻可能代價慘重。

若你達成談判目的，隔一段時間後，禮貌性地聯繫霸凌者，看他反應如何。若這段關係有其價值，不妨讓他小占上風，但絕對不可任其霸凌。你之前的談判作為最好深植在他心上，使他不想再經歷一回。

想更了解這番交手對霸凌者造成何種影響，可從他身邊親近者身上打探。從他們碰到你的反應，大約便可推知，霸凌者心中陰影還有多深。

霸凌者只挑他們眼中的弱者。別讓霸凌者在你身上找到這些，他們就沒有攻擊目標——萬物各得其所哉。

❖ 功課

回頭檢視每一章的作業。現在起七個禮拜，每週挑一章習題下功夫。如果哪個題目表現不夠滿意，繼續琢磨。

做好這些功課，你的談判功力將有所提升，也更能看透霸凌者屬於哪種類型。過程中累積的知識與洞見，會把你推向人生新高峰。

致謝

寫作此書，我得到以下諸位提供的洞見，協助，與支持。各位給予的心力，我深刻感懷。

此外，我希望所有讀者都能從中獲益，更能有效對付霸凌者。我要告訴讀者：「記住，時時刻刻，你都身處談判中。」

派特．艾爾（Pat Iyer）（我的開發編輯）：艾爾本身是位非常傑出的作者，作為開發編輯，她讓我的文字及談判專業，更能拿捏對方是霸凌者的精妙之處。沒有她，讀者將看到一堆講授談判策略技巧的「方法」，看不見那些更深入人心的故事與案例。

麥可．史奈爾（Michael Snell）（我的經紀人）：想找個能為你奮戰的夥伴，史奈爾是不二人選。聰明的他，精於拿捏宣戰時機。面對談判，想確保能綜觀全局，你肯定希望史奈爾在你這邊。當你專注當下無法顧及大勢，他是你可以仰賴的人。

戴蒙・威利斯（Damon Willis）（業務訓練能力超群的朋友）：效力布蘭登伯恰機構（Brendon Burchard organization）時，能與威利斯共事是我的榮幸。我深信上帝創造了這樣一個契機，讓我們互相砥礪。我得以從威利斯非凡的銷售本領學到如何指點他人。威利斯如此不凡，更在於他真心想要助人。不像有些人以操縱為樂，以所知成就別人才是他的追求。

尤蘭達・蘿伊斯特（Yolanda Royster）（女企業家暨思考推動者）：就此書內容，我與蘿伊斯特會談多次。有時她質疑我的聲明，刺激我思考新的方向。她對人們，尤其對女性所抱持的立場，讓我不時調整觀點；每做一次，這本書就更好一些。

克莉絲汀・威廉-華盛頓（Kristin Williams-Washington），心理學博士（心

理學顧問）：為更了解霸凌者跟人互動時的心態，我請教了華盛頓博士。她對這項課題有深刻鑽研，解說透澈，貢獻斐然。透過她的專業，我進一步理解了霸凌者的行為意含，以致其所以如此的背後動機。

職涯出版（Career Press）及紅輪／懷瑟（Red Wheel/Weiser）（我的出版社）：能把作品安心交給聰明行家出版，感覺很棒。紅輪／懷瑟（前身為職涯出版）就是這樣的行家。與職涯出版合作前部著作《肢體密碼讓你贏得談判》（*Body Language Secrets to Win More Negotiations*），讓我認識到和出版界真正行家共事的重要性。為了把我的作品介紹給全球讀者，我深刻、謙卑地感謝各位所做的一切。

註釋

第一章　認識霸凌者

1. Jouet, M. Trump Didn't Invent "Make America Great Again," How conservatives hijacked the idea of American exceptionalism. *Mother Jones*, January/February 2017.
2. Melton, Marissa, Is "Make America Great Again" Racist? VOA, August 31, 2017
3. *www.aljazeera.com/news/2017/08/unite-white-supremacists-rally-virginia-170812142356688.html*
4. *www.cnn.com/2017/08/31/us/georgia-cobb-county-officer-racialcomment-trnd/index.html*
5. *www.merriam-webster.com/dictionary/bully*
6. Dr. Kristin Williams-Washington, personal communication, December 29, 2017.
7. Ibid.
8. *www.wikihow.com/Spot-a-Sociopath.*
9. *https://en.wikipedia.org/wiki/Sexual_predator*
10. *TIME Magazine*, 190 no. 16–17 (2017): 28–31.
11. "The Harvey Weinstein Scandal: Taking down a predator," *People Magazine*, October 30, 2017, 49.
12. Ibid.

13. *www.miamiherald.com/news/politics-government/state-politics/article190803584.html*
14. *https://en.wikipedia.org/wiki/Napoleon_complex.*

第二章　辨識肢體語言的訊號

1. *http://hnmcp.law.harvard.edu/hnmcp/blog/trumps-losing-negotiation-strategy/*
2. *www.usatoday.com/story/news/politics/2017/09/19/trump-wehave-no-choice-but-totally-destroy-north-korea-if-continues-nuclear-path/680329001/*
3. *http://www.colorado.edu/conflict/peace/treatment/prui7539.htm*
4. *Wintour, A. Leading the Way, Vogue, March 2018, p. 164.*
5. *www.cnn.com/2017/10/24/us/carlos-bell-maryland-hiv-coach/index.html*
6. *www.cnn.com/2017/12/07/us/larry-nassar-usa-gymnasticssentence/index.html; www.usatoday.com/story/sports/olympics/2017/10/18/olympic-gold-medalist-mckayla-maroney-saysshe-victim-sexual-abuse/774970001/*
7. *www.latimes.com/politics/washington/la-na-essential-washington-updates-trump-says-comey-better-hope-there-are1494595058-htmlstory.html.*
8. *http://thehill.com/homenews/administration/336925-comeylordy-i-hope-there-are-tape*

第三章　研擬回敬的策略

1. *www.youtube.com/watch?v=1DwijJfVbBg*
2. *https://history.state.gov/milestones/1961-1968/cuban-missile-crisis*

3. *www.history.com/news/mussolinis-final-hours-70-years-ago*

第四章　被瞄準的職場弱勢

1. *www.aeaweb.org/conference/2018/preliminary/paper/A2EQbrKe*
2. *www.governing.com/gov-data/safety-justice/police-departmentofficer-demographics-minority-representation.htm*
3. *https://en.wikipedia.org/wiki/William_Shockley*
4. *www.theatlantic.com/business/archive/2015/05/the-financialperks-of-being-tall/393518/*
5. *www.pitt.edu/~dash/type1620.html#andersen*
6. *www.justice.gov/usam/criminal-resource-manual-932-provisions-handling-qui-tam-suits-filed-under-false-claims-act*
7. *www.aclu.org/blog/free-speech/employee-speech-and-whistleblowers/never-run-when-youre-right-real-story-nypd*
8. *https://courses2.cit.cornell.edu/sociallaw/student_projects/DrivingWhileBlack.htm.*
9. *https://oureverydaylife.com/characteristics-female-bully-8466459.html*

第五章　凸顯霸凌造成的傷害

1. "I was sexually harassed by my professor," People, August 7, 2017, page 78-80.
2. Griffin M. Teaching cognitive rehearsal as a shield for lateral violence: an intervention for newly licensed nurses. *J Contin Educ Nurs*.2004; 35 (6): 257-263.
3. *www.jointcommission.org/sentinel_event_alert_issue_40_behaviors_that_undermine_a_culture_of_safety/*
4. Dr. Alan Rosenstein, Bullying, Avoid Medical Errors, 2011.

5. *www.cnn.com/2017/11/01/health/utah-nurse-officer-arrest-settlement-trnd/index.html*
6. Dr. Alan Rosenstein, Bullying, Avoid Medical Errors, 2011.
7. *https://oureverydaylife.com/characteristics-female-bully-8466459.html*
8. YouTube's Style Queen, People, July 10, 2017, page 79.
9. Sarah Hyland fighting body bullies, People August 7, 2017 page 30.
10. *www.washingtonexaminer.com/bill-oreilly-paid-32-million-forsexual-harassment-settlement-in-january-one-month-before-heresigned/article/2638263*

第六章　別成為霸凌者的俎上之肉

1. Graydon Carter, "The good, the bad and the truly, meaningfully dangerous," *Vanity Fair*, December 2017, 40-41.
2. Mary Ellen Klas, Sexual harassment claims against Sen. Latvala are still anonymous, Bradenton Herald, November 17, 2017, 5A.
3. Ibid.
4. Ibid.
5. *www.miamiherald.com/news/politics-government/state-politics/article190803584.html*
6. Ibid.
7. Few women of color in wave of accusers, Associated Press, Tampa Bay Times, November 19, 2017, 2A
8. Ibid.
9. *http://time.com/5029172/roy-moore-accusers/*
10. *www.vox.com/policy-and-politics/2017/11/7/16616912/carter-page-testimony-trump-russia https://www.washingtonpost. com/blogs/*

compost/wp/2017/11/07/the-paranoid-carter-pagetranscript-what-in-gods-name-did-i-just-read/?utm_term=.ce236d39c454

11. Alex Harris, After pledges' deaths and bad behavior, fraternity system is 'hanging by a thread', Bradenton Herald, November 17, 2017, 7A.
12. Ryan Callihan, Experts outline steps to combat sexual harassment at work, Bradenton Herald, November 17, 2017, p1A.
13. Dr. Alan Rosenstein, Bullying, Avoid Medical Errors, 2011.
14. Ibid.

BM0043

被霸凌，怎麼辦？

職場、家庭、關係中，大人的心理防身術

Negotiating with a Bully:

Take Charge and Turn the Tables on People Trying to Push You Around

作　　著　葛雷格．威廉斯（Greg Williams）
譯　　者　劉凡恩
責任編輯　田哲榮
協力編輯　朗慧
封面設計　柳佳璋
內頁排版　李秀菊
校　　對　蔡函廷

發 行 人　蘇拾平
總 編 輯　于芝峰
副總編輯　田哲榮
業　　務　郭其彬、王綬晨、邱紹溢
行　　銷　陳詩婷
出　　版　橡實文化ACORN Publishing
地址：10544臺北市松山區復興北路333號11樓之4
電話：02-2718-2001　傳真：02-2719-1308
網址：www.acornbooks.com.tw
E-mail：acorn@andbooks.com.tw
發　　行　大雁出版基地
地址：10544臺北市松山區復興北路333號11樓之4
電話：02-2718-2001　傳真：02-2718-1258
讀者傳真服務：02-2718-1258
讀者服務信箱：andbooks@andbooks.com.tw
劃撥帳號：19983379戶名：大雁文化事業股份有限公司

印　　刷　中原造像股份有限公司
初版一刷　2020年1月
定　　價　330元
I S B N　978-986-5401-12-2

國家圖書館出版品預行編目資料

被霸凌，怎麼辦？：職場、家庭、關係中，大人的心理防身術／葛雷格．威廉斯（Greg Williams）著；劉凡恩譯. -- 初版. -- 臺北市：橡實文化出版：大雁出版基地發行, 2020.01
面；　公分
譯自：Negotiating with a bully : take charge and turn the tables on people trying to push you around
ISBN 978-986-5401-12-2（平裝）
1. 談判　2. 霸凌　3. 衝突管理
177.4　　108018963